KB200415

153가정예배

153 가정예배

지은이 | 지소영
초판 발행 | 2020. 9. 16
8 쇄 발행 | 2023. 3. 8
등록번호 | 제1988-000080호
등록된 곳 | 서울특별시 용산구 서빙고로 65길 38
발행처 | 사단법인 두란노서원
영업부 | 2078-3352   FAX | 080-749-3705
출판부 | 2078-3331

책값은 뒤표지에 있습니다.
ISBN 978-89-531-3845-2 03230

독자의 의견을 기다립니다.
tpress@duranno.com   www.duranno.com

두란노서원은 바울 사도가 3차 전도여행 때 에베소에서 성령 받은 제자들을 따로 세워 하나님의
말씀으로 양육하던 장소입니다. 사도행전 19장 8-20절의 정신에 따라 첫째 목회자를 돕는 사역과
평신도를 훈련시키는 사역, 둘째 세계선교(TIM)와 문서선교 (단행본·잡지) 사역, 셋째 예수문화 및 경배
와 찬양 사역, 그리고 가정·상담 사역 등을 감당하고 있습니다. 1980년 12월 22일에 창립된 두란
노서원은 주님 오실 때까지 이 사역들을 계속할 것입니다.

153
가정예배

삶의 중심에서
하나님의 방법으로
살아가기

지소영 지음

40th
한국기독교교수선교회
1980-2020
두란노

CONTENTS

CHAPTER 5.

머리를 깎으러 이발관에 가서 아버지와 몇 마디를 나누었는데, 이발을 해 주시던 아저씨가 의아하다는 듯이 말씀하셨습니다.

"아버지와 아들이 사이가 참 좋네요."

이발관에서 나와 사진관에 들러 증명사진을 찍는 동안에도 아버지와 몇 마디를 나누었는데, 사진관 아저씨도 같은 말씀을 하셨습니다.

"아빠와 아들이 어떻게 이렇게 사이가 좋죠?"

집에 돌아와 저녁을 먹으며 어머니께 그 이야기를 전해 드렸습니다.

"요즘 아버지와 아들의 관계가 안 좋은 집이 많은가 봐요. 아버지와 제가 몇 마디 안 했는데 다들 우리보고 사이가 좋다고 하시네요."

그날 밤 가정예배 시간에 문득 아버지와 나의 관계가 좋은 것처럼 하나님과 우리의 화목한 관계가 곧 예배라는 생각이 들었습니다. 우리 가족은 가정예배 때 많이 웃는 편입니다. 무엇 때문에 그렇게 웃는지 모르겠는데, 우리가 화목함으로 예배할 때 하나님도 기뻐하신다는 생각이 들었습니다.

가정예배를 통해 저는 많은 것을 배웁니다. 기도하는 것과 '기도해야지' 생각하는 것은 다르며, 좋은 말씀을 듣는 것과 좋은 삶을 사는 것도 별개의 문제라는 것을 배워 갑니다. 이 책은 우리 가족이 삶으로 써 내려간 이야기입니다. 그리스도인들은 예배와 믿음의 삶에 대해 많은 생각을 하는데, 여러 질문과 고민에 대한 답이 이 책 안에 들어 있습니다.

저의 부모님은 아직 살아 계시지만 저는 이미 유산을 받았습니다. '가정예배'라는 믿음의 유산입니다. 건강 문제로 병원에서 책을 쓰시는 동안에도 어머니에게는 수많은 방해와 어려움이 찾아왔습니다. 그럼에도 포기하지 않고 끝까지 책을 쓰실 수 있도록 붙들어 주신 하나님께 감사를 드립니다. 이 책이 많은 가정에 격려와 위로가 되면 좋겠습니다. 화목한 예배로 하나님을 기쁘시게 하는 가정이 더 많아지면 좋겠습니다. 화목함의 비결은 가정예배입니다.

— **아들 이삭(Isaac)**

출판사에서 책의 추천사를 오빠와 저에게 부탁하셨다는 이야기를 듣고 우리는 깜짝 놀랐습니다. 한 번도 추천사를 써 본 적이 없는데 무슨 이야기를 쓸까 고민을 많이 했습니다. 그러다가 가정예배 이야기는 엄마가 쓰셨으니까 저는 아빠와 엄마를 소개해야겠다는 생각이 들었습니다. 사실 제가 부모님과 산책을 할 때마다 지나가는 사람들을 보며 이런 생각을 자주 하거든요.
'아… 저 분들은 우리 아빠, 엄마를 그냥 스쳐 지나가네. 저분들도 우리 아빠, 엄마를 알면 참 좋을 텐데….'
두 분을 모든 사람에게 소개시켜 주고 싶었습니다. 저에게 예배를 가르쳐 주신 두 분입니다. 제가 딸이어서 부모님을 좋아하는 것은 당연한 일이기도 하지만, 20년간 보아 온 부모님은 진짜 좋은 분들이시기 때문입니다. 저는 나중에 결혼을 하면 '아빠 같은 사람을 만나 엄마처럼 살고 싶다'는 생각을 했습니다. '어른이 된다면 꼭 아빠와 엄마 같은 어른이 되고 싶다'는 생각이 들었습니다. '나는 왜 두 분을 이토록 좋아하는 걸까?' 생각하며 제게 엄마는 어떤 사람인지, 아빠는 어떤 사람인지를 적어 보았습니다.

제게 엄마는 아주아주 사랑스런 사람입니다. 정말이지 단순한 사람입니다. 나를 웃게 하는 사람입니다. 친구 같은 사람입니다. 아침밥을 꼭 챙겨 주는 사람입니다. 함께 아이스크림을 먹어 주는 사람입니다. 제 시험 점수에는 별 관심이 없지만 삶의 태도에는 엄격한 사람입니다. 책임감이 강한 사람입니다. 말씀 암송을 잘하는 사람입니다. 외출하기 전에 기도해 주고 집에 들어가면 맞아 주는 사람입니다.

제게 아빠는 온유하고 겸손한 사람입니다. 인내심이 많은 사람입니다. '헌신' 하면 떠오르는 사람입니다. 못 만드는 것이 없는 사람입니다. 어려운 시간을 통과한 사람입니다. 몽골을 많이 사랑하는 사람입니다. 말없이 도와주는 사람입니다. 찾아보기 드문 대단한 사람입니다. 중대사를 의논하고 싶은 사람입니다. 날마다 기도하는 사람입니다. 예수님의 성품을 많이 닮은 사람입니다. 제가 가장 존경하는 사람입니다.

저는 아빠와 엄마를 통해 예배를 배웠고, 예배가 어떻게 삶이 되는지를 보았습니다. 성경책을 두 손으로 꼭 짜면 예수님의 사랑이 뚝뚝 떨어진다고 가르쳐 주신 엄마, 가난하고 아픈 사람들에게 달려가 하나님의 사랑을 전해 주시는 아빠. 두 분의 삶은 오빠가 먼저 쓴 추천사처럼 저에게도 동일하게 '믿음의 유산'으로 남을 것입니다.

가정예배 책을 쓰시는 동안 엄마에게 어려운 일이 참 많았는데, 그럼에도 책이 나온 것을 보면 정말 필요한 책인가 봅니다. 힘든 가정환경에서 자란 엄마가 온전한 가정의 꿈을 심는 사람이 되신 것은 하나님이 하신 일입니다.

엄마의 글은 쉽고 재미있습니다. 어렵지 않게 읽힙니다. 하지만 행간에 담긴 삶의 무게를 충분히 느끼려면 한 절, 한 절 곱씹으며 읽어야 합니다. 이 책은 단순히 가정예배만을 이야기하지 않습니다. 하나님이 창조하신 가정의 소중함과 예배로 회복되는 가족의 모습이 포인트입니다. 모든 가정이 예배하는 날을 꿈꾸시는 엄마처럼 저도 그날을 기다리며 삶이 예배가 되도록 잘 살아야겠습니다.

딸 이슬(Esther)

소영 언니를 처음 만난 후 어느새 15년이 흘렀다. 그 세월 속에 나는 이삭, 이슬이의 고모로 존재한다. 엄마의 친한 지인이라면 통상 '이모'로 불리는데 아이들과 성씨가 같으니 '고모'여야 한다는 언니 남편(박동하 목사님)의 그럴싸한 주장에 얼렁뚱땅 이삭, 이슬이의 고모가 된 것이다.

나는 소영 언니네 집이 좋았다. 두 사람이 다리 뻗고 앉으면 맞닿을 것 같은 작은 방에 기대앉아 부엌에서 끓여 내오는 된장찌개를 기다리는 것도, 열어 놓은 현관문으로 인왕산 자락을 훑어 내려온 산바람이 들어오는 것도 좋았다. 이후 언니가 꿈의학교 교사로 갔을 때 서산 집 마루에 종일 내 집마냥 드러누워 있는 시간도 정말 좋았다. 소박한 언니의 공간에서 우리는 많이 웃었다.

박동하, 지소영. 이 부부는 많이 다르다. 한 사람은 소리 없이 빙긋이 웃고, 한 사람은 맑은 시냇물이 흘러가듯 웃는다. 한 사람이 고요하고 깊은 바다 같다면, 한 사람은 들판에 흐드러지게 피어 있는 꽃 같다. 그런데 두 사람이 아주 똑같다. 낮은 길, 가시밭길, 좁은 문으로만 다닌다. 이들이 사람에게 의지하는 것을 본 적이 있던가, 그 흔한 세상적인 방법으로 문제를 해결하는 것을 본 적이 있던가 싶다.

처음엔 그런 모습이 답답해 보이고 속상하기도 했다. 그러나 이들은 담담히 자신들의 길을 걷고 걸었다. 때로 길이 막혀 보여도 믿음의 걸음을 멈추지 않았다. 이 가정을 이끄는 근원적인 힘이 무엇인지 궁금했는데 책을 읽다가 이제야 답을 찾았다, '가정예배.'

이 책은 고상한 신앙 에세이가 아니다. 나는 이 책의 저자가 지금 이 순간에도 일상이라는 치열한 영적 전쟁터에서 고군분투하고 있을 것을 안다. 사탄은 끊임없이 그녀를 유혹할 것이다. 하지만 그녀에게는 훈련된 동역자들, 가족이 있다.

이 책은 한 가족이 서로 연합해 세상과 싸워 하루치의 승리를 거두며 살아온 이야기이다. 너무나 익숙해서 때로는 남루하고 고단하게 느껴지는 일상이 감사의 향기로 채워지는 이야기이다. 가정이 다시 사랑으로 채워지고, 세상에 나아가기 위한 전진기지로서의 역할을 회복할 수 있다는 희망을 주는 이야기이다. 긴 연단의 시간을 통과해 단단한 공동체를 이루어 가는 이 가정이 참으로 부럽다. 그 꼬맹이들(이삭, 이슬)이 얼마나 잘 컸는지, 책을 읽는 내내 감동이 식지 않았다.

그런데 마냥 부러워하다 끝날 것인가. 작가가 제시하는 '153가정예배'는 열 살배기 우리 아이도 할 수 있는 방법이 아닌가. 예배의 회복과 가정의 화목을 소망하게 하는 이 책은 하나님 나라 군대의 최소 단위, 가족이라는 별동대를 위한 최고의 전략전술서이다.

박나림 전 MBC 아나운서

평생 손에 꼽을 만큼 가정예배를 몇 번 드리지 못했는데 추천사를 쓰려니 부끄러웠습니다. 아내가 알면 기막혀할 것 같았습니다. 그러면서 책의 첫 장을 폈는데 눈이 번쩍 뜨였습니다. 자녀들이 엄마의 글에 추천사를 쓴 것입니다. 어느새 20대 청년이 된 이삭과 이슬이가 예배를 가르쳐 주신 부모님을 소개하며 조목조목 사랑과 존경의 마음을 담아 책을 추천했습니다. 감탄하며 입을 다물지 못하고 있다가 잠시 후 깨달았습니다. 이것이 가정예배의 힘이라는 것을….

제 아들들이 어릴 때 이 책을 봤더라면, 하는 아쉬움이 있습니다. 하지만 가정예배를 통해 진짜 보화를 분별할 수 있는 마음의 눈과 힘을 길러 주는 책을 이제라도 만난 것이 감사합니다. 매일매일 가정예배를 드리는 일은 쉽지 않은데, 이 책에는 지금 바로 가정예배를 시작하고 싶을 만큼 매우 쉽고 친근한 방법이 담겨 있습니다.

저처럼 가정예배를 자녀들에게 전해 주지 못한 분들도 걱정 마시기 바랍니다. 우리 같은 부모를 위한 위로도 있으니까요. 《153가정예배》를 읽고 세상에서 발견하기 어려운 진짜 보화를 가장 가까운 우리 가정에서 길러 냅시다. 정말 이 책을 적극 추천합니다.

서정인 한국컴패션 대표

저자를 처음 만난 것은 1995년 봄, 강원도 홍천 예수제자훈련학교(YWAM/DTS)에서였습니다. 그때부터 지금까지 25년을 알고 지내 온 사이여서 이 책의 원고를 읽는 것이 저자의 삶을 직접 보는 것처럼 친근했습니다.

가정예배는 성도에게 가장 중요한 신앙생활의 기본이지만 실제로 실천하기는 매우 어렵습니다. 그런데 하루하루 시행착오를 겪으면서도 예배를 포기하지 않은 저자의 가정예배 이야기를 읽으며 마음에 깊은 감동이 있었습니다. 제가 사랑하고 아끼는 가정이어서 더 그런지도 모르겠습니다. 코로나19로 말미암은 비대면 시대에 이 책은 어느 때보다 특별하게 여겨집니다. 하나님이 모든 믿는 가정의 예배를 회복하시려고 놀라운 지혜를 책 속에 담아 두셨다는 생각이 듭니다.

요한복음에는 "와서 보라"(Come and you will see)라는 표현이 세 번 나옵니다. 처음에는 예수님이, 그다음엔 빌립이, 이어서 사마리아 우물가의 여인이 같은 표현을 썼는데, 저도 지금 그와 비슷한 표현을 빌려 쓰고 싶습니다. "열어 보라(Open and you will see). 153가정예배!"

이동선 탄자니아 지하수개발사역 선교사

추천사를 쓰기 위해 이 책의 원고를 들추는 순간, 문득 원고를 읽지 않고 추천사를 먼저 쓰고 싶다는 생각이 들었습니다. 세상에 좋은 기독교 서적들이 참 많지만 정작 글과 글쓴이의 삶이 일치하는 책을 만나기란 결코 쉬운 일이 아닙니다. 대부분의 추천사는 책 내용에 시선을 두는데, 저는 저자의 삶에 시선을 두고 싶었습니다.

10년이 훌쩍 넘는 시간 동안 가까이서 지켜본 저자는 말과 삶이 일치하는, 소박하면서도 담백한 그리스도인입니다. 말과 삶이 일치했던 사도 바울의 글이 시공간을 뛰어넘어 이 시대를 비추는 것처럼 말과 삶이 일치하는 저자의 글을 하나님이 어떻게 사용하실지 정말 궁금합니다.

믿음의 방법으로 제시하는 가정예배, 감사, 순종에 관한 글들을 읽어 내

려갈수록 헝클어졌던 제 마음이 가지런해지는 것을 느낍니다. 말과 삶이 글이 되어 나온 이 책을 예수님을 사랑하는 모든 분에게 추천합니다.

이영표 전 국가대표 축구 선수

착각했습니다. 책 제목만 보고 가정예배 성공 스토리일 것이라 착각했습니다. 그런데 다 읽고 보니 이 책은 하나님을 기억하기 위해 치열하게 살아온 평범한 가정의 위대한 이야기였습니다.

착각했습니다. 저희도 그동안 가정예배를 드려 왔는데 어느 날, 딸이 이런 고백을 했습니다. "저는 가정예배 때 은혜를 받은 적이 없어요." 그 말을 듣고 아이들에게 자발적인 마음이 들 때까지 예배를 멈추는 것이 낫겠다고 생각했습니다. 그러나 이 책을 통해 예배의 본질은 하나님을 기억하는 것임을 깨닫고 다시 용기를 내어 가정예배의 자리로 나아가게 되었습니다.

착각했습니다. 시간이 없어서 가정예배를 못 드리는 것이라고 생각했습니다. 그런데 하나님을 기억하지 않아서 예배를 드리지 못했던 것입니다. 좋은 자동차의 핵심은 가속 페달이 아니라 제동 장치라고 합니다. 이 책은 "삶의 분주함을 내려놓고 하나님을 기억하는 자리로 나아가라"고 권면합니다. 제 마음에 와닿은 권면이 여러분의 가슴에도 닿았으면 좋겠습니다. 이 책은 하나님이 기뻐하실 책입니다. 이 시대에 선한 영향력을 주는 책을 모든 분에게 추천합니다.

이인희 꿈의학교 교장

2020년 봄, 믿기지 않는 일이 일어났다. 영화에서나 나올 법한 일이었다. 중국 후베이성 우한시에서 시작된 신종 코로나 바이러스 (이하 코로나19)가 전 세계로 번져 많은 사람이 목숨을 잃었다. 세계보건기구(WHO)가 코로나19에 대해 팬데믹(세계적 대 유행)을 선언했고, 2020년 7월 개최 예정이었던 도쿄올림픽이 연기되는 등 국제 행사가 취소되었을 뿐 아니라, 학교들도 개학을 무기한 연기했다. 작은 바이러스가 전 세계에 멈춤 신호를 보낸 것이다.

집단 감염 위험이 높아 교회에서의 예배도 중단해야만 했다. 절체절명의 위기였다. 정부에서 한 주만 쉬라던 현장 예배 중단 상황은 장기화되었고, 나중에는 가정예배를 드리라고 권고했다.

코로나19로 인해 안전이 최우선 순위가 되었기 때문이다. 그러자 여기저기서 이제야말로 가정예배를 회복해야 할 때라고, 자녀들에게 예배의 본질을 제대로 가르칠 수 있는 중요한 기회라고 목소리를 높이기 시작했다.

1년 전, 가정예배 특강을 해 달라는 뜻밖의 요청을 받고 어떤 내용을 나눌까 생각하다가 우리 가정이 드리고 있는 '153가정예배'를 그대로 소개하기로 했다.

결혼하면서 남편과 단둘이 시작한 가정예배는 자녀들을 낳아 키우며 가족이라는 공동체 안에서 모양새가 잡히기 시작했다. 할 일 많은 날은 하루 쉬고, 부부 싸움 한 날은 건너뛰고, 때로는 형식상 드리기도 하고, 말씀대로 살지 못할 때는 포기하고 싶기도 했는데, 가정예배를 이어 온 지 어느새 25년이 흘렀다. 돌아보면 가정예배는 하나님이 우리 가정의 주인이심을 인정하는 자리였고, 한 걸음 더 나아가 여호와 하나님을 힘써 아는 자리가 아니었나 싶다.

'가정예배' 앞에 붙인 '153'은 요한복음 21장에서 가져왔다. 예수님의 말씀에 순종해 그물을 던진 제자들이 153마리의 물고기들을 잡아 올리는 모습을 보며 우리 가정도 순종하자는 뜻에서 정한 이름이다. 말씀 1장(1), 감사 제목 5가지(5), 기도 제목 3가지(3)를 나누는 153가정예배를 기초로 '말씀 암송', '말씀 기도', '긴

급 기도', '요일별 기도', '대륙별 기도'를 강의 현장에서 소개했다.

남편이 베란다에 만든 개인 기도실 '워룸'(War Room)이 우리 가족에게 어떤 장소였는지, 기독대안학교인 꿈의학교에 근무하며 진행했던 '153 나눔'과 '느헤미야 기도'가 학생들에게 어떤 변화를 가져왔는지 가정예배를 강의하며 지나온 시간을 돌아보니 모두 다 감사 제목이었다. 인내심 없던 내가 어려서부터 끈기 있게 써 온 '감사 일기'와 자녀들이 학교에 갈 때 가방에 넣어 준 '엄마의 편지'도 소개했는데, 모든 것이 가정예배를 통해 얻은 보화이다.

가정예배에 '대륙별 기도'까지 들어가니 뭔가 대단한 것 같지만, 사실 그렇지는 않다. 분명한 것은, 하나님이 가정예배 안에 무궁무진한 보화를 숨겨 두셨는데 그 보화를 캐는 방법은 가정예배를 드려야만 알 수 있다는 사실이다.

코로나19의 여파로 친밀한 만남 대신 비대면과 사회적 거리 두기가 우리에게 일상이 되었다. 미국 시카고는 "Together Apart"라는 슬로건을 내놓았다. '따로 함께하자'라는 뜻으로 해석되는데, 묘한 언어의 조합이라는 생각이 든다. 떨어져 있으면서 함께 있음을 느끼는 공동체는 흔치 않다. 예배를 교회에서 드리든, 가정에서 드리든 예수 그리스도를 공통분모로 가진 이들은 '그리스도인'이라는 이름으로 하나가 된다.

가정예배 강의를 시작한 지 1년이 조금 지났는데, 153가정예배가 가정을 넘어 교회와 여러 공동체에서 진행되고 있다는 소식이 들려온다. 특별히 믿지 않는 가정이 '153 모임'을 하면서 하나 됨을 회복하고 있다는 소식에 가슴이 설렌다. 가정의 본래 모습이 예배로 회복되면 좋겠다는 씨앗 같은 소망으로 시작했는데 기쁜 소식을 듣게 하신 하나님께 감사드린다.

　사람을 살리고 가정을 회복시키는 153가정예배, 그 구체적인 이야기를 이제 시작해 보려 한다.

CHAPTER

1.

• • • • 천지창조의 클라이맥스

하나님의 천지창조에서 클라이맥스는 가족이다. 가족은 함께하는 추억만으로도 가치가 있고 아름다운 공동체다. 나의 가족관은 결혼 전과 후로 나뉘는데, 나는 결혼에 대한 기대가 전혀 없던 사람이다. 사실 가족에 대한 추억이라고 말할 만한 것도 없고, 남아 있는 기억도 대체로 외롭고 쓸쓸한 것들뿐이다.

그런데 하나님은 이러한 나에게 가정을 허락하시고, 남편과 함께 두 아이를 키우는 동안 가족에 대한 새로운 관점을 갖게 하셨다. 가정의 원형이 무엇인지를 계속해서 보여 주셨는데, 그것은 예배를 통해 회복되는 진정한 가정의 모습이었다. 아마도 가정예배가 아니었다면 가정의 본래 모습이 무엇인지 여전히 깨닫지 못했을 것이다.

예배를 드릴 때마다 우리 가정 안에 회복이 일어났다. 누구의 의지나 노력에 의한 회복이 아니었다. 그저 예배의 자리로 나가는 순종을 통해 하나님이 하신 일이었다.

남편과 아내의 관계는 그리스도와 교회의 관계를 보여 주는 샘플이다. 그러나 이 시대의 많은 가정이 깨어졌고, 지금도 위기에 처한 가정이 셀 수 없이 많다. 나에게는 오래전부터 가정 회복 사역에 대한 마음이 있었다. 이혼율이 50%를 웃돌고, 이혼하지 않은 부부도 어쩔 수 없이 산다는 이야기를 들을 때마다 가정 회복 사역이 사명처럼 다가왔다. 하지만 내가 무슨 자격으로 가정 회복을 말할까 싶어 떠오르는 생각을 애써 지우곤 했다.

그런데 매일 밤 가정예배를 드리면서 가정의 회복은 말에 있지 않고 예배의 회복에 있다는 사실을 깨닫게 되었다.

'아, 하나님이 찾으시는 가정은 예배하는 가정이구나.'

생각이 명료하게 정리되었다. 그 후 더욱 순종하기로 했다. 가정예배를 멈추지 않기로 했다. 회복의 열쇠는 사람이 아니라 주님께 있으며, 예배로의 부르심도 특별한 가정에만 국한된 것이 아니라 모든 가정에 해당된다는 사실을 알게 되었다. 하나님이 천지를 창조하시면서 클라이맥스의 순간에 느끼신 기쁨을 예배하는 가정을 통해 다시 누리고 싶어 하신다는 것을 깨닫기까지 참 오랜 세월이 걸렸다.

"내가 진실로 진실로 너희에게 이르노니 한 알의 밀이 땅에 떨어져 죽지
아니하면 한 알 그대로 있고 죽으면 많은 열매를 맺느니라"(요 12:24).

나에게 가정예배의 모델이 되어 주신 분은 친정 엄마다. 우리 가
정에 한 알의 밀알이 되신 분. 엄마가 천국에 가신 지 15년이 넘었
는데 나는 아직도 꿈속에서 엄마를 만난다. 신기하게도, 꿈속에서
엄마는 늘 살아 계신다. 어느 날 잠에서 깨어 그 이야기를 남편에
게 했더니 남편은 당연하다는 듯이 말했다.

"그럼, 어머님은 믿음 안에서 늘 살아 계시지."

나는 누군가에게 내 삶을 소개할 때면 가장 먼저 엄마 이야기로
시작한다. 엄마는 말수가 별로 없는 편이었는데 항상 기도하고 찬
송하는 분이셨다. 어릴 때 내가 아프기라도 하면 엄마는 나를 등에
업고 교회로 뛰어가곤 하셨다. 산동네에서 교회까지 꽤 먼 거리라
교회에 도착할 쯤 엄마의 등은 땀으로 흥건히 젖어 있었다.

하나님의 존재를 모르는 어린 나이에 엄마를 통해 하나님이 살
아 계신 분이시라는 사실을 알게 되었다. 사랑하는 엄마가 믿으니
까 나도 저절로 믿어졌다. 엄마가 기도하니까 나도 옆에서 두 손
모으고 엎드렸다. 엎드린 채로 잠을 잔 날이 더 많았지만, 나는 기
도를 그렇게 엄마에게서 배웠다. 엄마가 내게 남겨 주신 유산은
믿음의 유산이다.

엄마는 가정예배를 혼자 드리셨다. 우리 집 환경이 그랬다. 아

빠는 사업을 이유로 늘 부재중이셨고, 1년에 한두 번 집에 오셨다. 그 바람에 자녀들의 양육은 오롯이 엄마의 몫이었다. 엄마는 가난하고 고단한 삶을 사셨다. 엄마가 살아오신 고난의 세월을 어떻게 글로 표현할 수 있을까. 내 기억에 엄마는 힘든 일을 만나면 사람을 찾지 않고 하나님 앞으로 나가셨다. 하나님께로 달려가 기도하고 또 기도하셨다. 고통이 더할수록 기도하셨다. 한나의 기도처럼 가난하게도 하시고, 부하게도 하시고, 낮추기도 하시고, 높이기도 하시는 하나님을 전적으로 의지하셨다(삼상 2:7).

책임감이 강했던 엄마는 자식들을 키우는 동안 공사 현장에 나가 일하셨는데 여자의 체력으로는 감당하기 어려운 일이었다. 그런데도 빠짐없이 새벽예배를 드리고 일터로 향하셨다. 늦은 밤, 집에 오면 부랴부랴 저녁을 해 주셨고, 우리를 씻겨 재우면서 성경을 읽어 주셨다. 그리고 가물가물 잠이 드는 우리의 머리맡에서 나지막한 소리로 찬송을 불러 주셨는데, 돌아보니 그것이 가정예배였다. 나에게 한 알의 밀알이 되어 예배의 본을 보여 주신 분은 엄마다.

시행착오의 시간

"순종이 제사보다 낫고 듣는 것이 숫양의 기름보다 나으니"(삼상 15:22).

가정예배가 정착되기까지 우리는 꽤 많은 시행착오를 겪었다. 아니, 어쩌면 여전히 시행착오 속에 있는지도 모르겠다. 사실 나는 신혼 초부터 예배 때마다 자주 졸았다. 멀쩡히 있다가도 성경을 펴면 졸음이 쏟아졌는데 예배가 끝나면 거짓말처럼 졸음이 싹 가셨다. 남편이 그런 나를 보다 못해, 어느 날 몰래카메라를 설치해 졸고 있는 장면을 찍어 보여 주기도 했다. 일종의 충격 요법이었다. 그러나 부끄럽게도 나의 습관적인 졸음은 좀처럼 고쳐지지 않았다.

내가 가정예배 강의를 나간다고 했을 때 남편이 신혼 초에 찍어 둔 사진을 참고 자료로 쓰면 어떻겠냐고 조언했다. 그날 우리 아이들은 졸고 있는 엄마와 화난 표정으로 바라보고 있는 아빠의 모습이 담긴 옛날 사진을 들여다보며 박장대소했다.

자녀들과 함께하는 예배도 쉽지는 않았다. 어릴 때는 순순히 따라 주었는데 아이들이 자라면서 정한 시간에 모이는 일이 어려워졌고, 모이지 못할 이유도 날이 갈수록 늘어났다. 바빠서, 몸이 아파서, 시험 기간이라서, 피곤해서, 아빠와 엄마가 싸워서, 가족이 다 모이지 않아서, 집에 손님이 오셔서…. 코에 걸면 코걸이, 귀에 걸면 귀걸이라고, 그럴싸한 이유들로 징검다리 건너듯 가정예배를 건너뛰는 날이 많았다.

어렵사리 모여 앉은 날도 예배를 제대로 드리지 못했다. 일단 시작은 했는데 아이들이 장난을 치기도 하고, 딴생각을 하다가 꾸벅 꾸벅 졸기도 하고, 그 모습을 바로잡느라 잔소리를 하다 보면 배가 산으로 가기 일쑤였다. 말씀 나눔을 하다가 말다툼이 일어나 급하게 마무리한 날도 있었다. 삐딱하게 앉은 자세는 우리의 마음을 그대로 반영한 모습이기도 했다. 그야말로 오합지졸 예배였다.

이것은 비단 우리 집만의 이야기는 아닐 것이다. 믿음의 가정들이 가정예배의 중요성은 인정하면서도 정작 예배를 시작하지 못하는 이유는 이렇듯 셀 수 없이 많다. 그래서 오랜 신앙생활에도 불구하고 가정예배를 꾸준히 드리는 집을 찾아보기가 어려운가 보다.

오늘 우리에게는 가정예배를 통해 말씀대로 살아가는 삶의 회복이 필요하다. 날마다 가정예배를 드리는 것은 그야말로 기적이다. 그런데 기적은 작은 순종에서 시작된다. 일단 순종을 결단하면 하나님이 친히 인도하신다. 나는 우리 가족이 지금도 온전한 예배를 드린다고 생각하지 않는다. 여전히 부족하고 서툰 예배이지만 하나님이 순종을 기뻐하시기에 그저 순종의 자리로 나갈 뿐이다. 예배의 형식과 모양이 어떻든 일단 시작하면 된다. 그러면 그 예배는 분명 하나님 앞에 순종의 첫 열매로 드려질 것이다.

•••• 즐거운 노래처럼

"오라 우리가 여호와께 노래하며 우리의 구원의 반석을 향하여 즐
거이 외치자 우리가 감사함으로 그 앞에 나아가며 시를 지어 즐거
이 그를 노래하자"(시 95:1-2).

"무릎 꿇고, 기도할 땐 눈을 감아야지."

가정예배가 이렇게 시작되면 자녀들이 예배에 대해 거부감을
갖게 된다. 엄마들의 고백을 들어 보면, 자녀들에게 모이라고 소
리치다가 진이 다 빠진다고 한다. 애써 모였어도 바르게 앉았는
지, 딴짓은 안 하는지 살피다가 잔소리만 늘어놓고 끝나 버리는
경우가 허다하다고 한다. 자세와 태도는 차츰 자리가 잡힌다. 태
도를 고치려 하기보다는 부모가 먼저 바른 자세로 앉으면 아이들
은 그 모습을 보고 그대로 따라온다. 물론 집중력이 약한 아이들
과 함께하려면 많은 인내가 필요하다.

우리의 신혼 초 가정예배는 자녀들을 낳으면서 형식이 조금씩
바뀌었다. 아이들이 어릴 때는 주로 찬양을 불렀고, 기도는 대화
형식으로 들려주었다. 하나님을 예배하는 일은 노래처럼, 대화처
럼 즐거운 일이라는 것을 알려 주고 싶었다. 우리 집의 주제 찬송
은 "예수 사랑하심을"(새찬송가 563장)인데 아이들을 재울 때마다
품에 안고 불러 주었더니 어느 날 이삭이가 이런 질문을 했다.

"엄마는 힘들면 어떻게 해?"

"엄마는 기도하지. 왜, 이삭아?"

"그래? 나는 찬송하는데…. 엄마, '예수 사랑하심을' 찬송 알지? 그 찬송 3절이 엄마에게 힘이 될 거야."

그러더니 힘차게 찬송을 불러 주었다.

"내가 연약할수록 더욱 귀히 여기사 / 높은 보좌 위에서 낮은 나를 보시네 / 엄마를 사랑하심 엄마를 사랑하심 / 엄마를 사랑하심 성경에 쓰였네."

엄마를 향해 고사리 같은 두 손을 뻗어 노래하는 이삭이를 보며 눈물을 흘렸던 기억이 새롭다.

자녀들에게 가정예배가 즐거운 시간으로 인식되면 여러모로 유익하다. '각 가정의 상황에 맞게', '훈계하지 않고', '말씀에 대한 적용은 자신에게만' 하면 가정예배는 날이 갈수록 즐거워진다. 마지못해 형식적으로 드리는 예배가 아니라 전심으로 즐거이 드리는 예배를 하나님도 기뻐하신다. 시편 100편은 예배가 얼마나 즐겁고 감사한 일인가를 노래한다.

"온 땅이여 여호와께 즐거운 찬송을 부를지어다 기쁨으로 여호와를 섬기며 노래하면서 그의 앞에 나아갈지어다 여호와가 우리 하나님이신 줄 너희는 알지어다 그는 우리를 지으신 이요 우리는 그의 것이니 그의 백성이요 그의 기르시는 양이로다 감사함으로 그의 문에 들어가며 찬송함으로 그의 궁정에 들어가서 그에게 감사하며 그의 이름을 송축할지어다 여호와는 선하시니 그의 인자하심이 영원하고 그의 성실하심이 대대에 이르리로다"(시 100:1-5).

가정예배는 우리가 하나님께 드리는 시간이지만 실상은 하나님께 받는 시간이다. 예배를 통해 말씀을 받고 마음에 새기면 정확하게 응답하시는 하나님의 은혜를 경험하게 된다. 다른 사람의 신앙과 경험은 나의 신앙과 경험이 될 수 없다. 내가 예배의 자리로 나가야만 믿음이 자라고, 그것이 나의 진짜 믿음이 된다.

하나님은 말씀으로 천지를 지으셨다. 그 놀라운 말씀의 능력이 나와 가족을 다스리는 시간이 가정예배 시간이다. 기도를 회복하는 가장 빠른 길은 기도의 자리로 나가는 것이며, 예배를 회복하는 가장 빠른 길은 예배의 자리로 나가는 것이다. 우리 집이 즐거운 장소가 되게 하려면 오늘 기쁨으로 여호와를 노래하면서 그분 앞에 나가면 된다. 그것이 가정예배다.

●●●● 친밀한 대화처럼

"쉬지 말고 기도하라"(살전 5:17).

이슬이는 태어날 때부터 머리가 다른 아기들에 비해 많이 컸다. 머리 무게 때문인지 바르게 앉혀 놓아도 자꾸 옆으로 쓰러졌다. 어느 날 남편과 함께 아이를 목욕시키며 "이슬이는 머릿속에 뭐가 있어서 이렇게 큰 걸까?" 하고 장난스럽게 물었다. 그러자 남편이 "이슬이 머릿속엔 지혜가 들어 있지. 하나님, 이슬이에게 큰 지혜 통을 주셔서 감사합니다" 하며 머리를 감기는 것이 아닌가.

남편은 아이들을 씻길 때마다 머리부터 발끝까지 조목조목 짚어 가며 기도해 주었는데, 그 기도는 하나님 아빠와의 대화처럼 부드럽고 다정했다.

자녀들이 하나님을 친밀하신 분으로 인식하는 데 부모의 기도는 큰 역할을 한다. 어릴수록 샤워를 시킬 때나 잠자리에 들기 전 품에 안고 기도해 주면 아이들은 그 기도를 잊지 않는다.

이삭이와 이슬이는 어릴 때부터 습관이 되어서인지 가정예배 때 기도하는 것을 부담스러워하지 않고, 지금도 어색함 없이 아빠, 엄마 품에 잘 안긴다. 이제는 아이들이 부모인 우리보다 체격이 커서 안아 준다기보다는 우리가 안기는 편이다.

다 자란 자녀들과의 포옹이 어색하다면 자녀들이 깊이 잠든 새벽에 가만히 방에 들어가 머리맡에서 혹은 발끝에서 기도하기를 권한다. 아주 잠깐이어도 좋다. 날마다 자녀들을 위한 기도를 쉬지 말자. 출장을 가 있거나 부득이하게 자녀들과 떨어져 있는 날에는 메시지 기도를 보내 주면 된다. 다시 말하지만, 아이들은 부모의 기도를 결코 잊지 않는다. 또한 부모의 기도는 신앙 교육의 뿌리가 된다.

다음은 나와 남편이 아이들이 어릴 때부터 품에 안고 기도했던 내용이다.

자녀를 위한 조목조목 기도

● 머리 : "두 아이의 머리를 축복합니다. 이삭이와 이슬이가 하나
님을 힘써 아는 사람 되게 하시고, 지혜가 부족하면 꾸짖지 않
고 후히 주시는 하나님께 달려가 구하게 해 주세요"(호 6:3; 약 1:5).

● 눈 : "이삭이와 이슬이가 책을 읽거나 멀리 볼 때 불편함이 없
게 하시고, 꼭 봐야 할 것들을 놓치지 않게 해 주세요. 항상 예
수님의 눈으로 보게 하시고, 소외되거나 고통당하는 사람, 가
난한 사람을 만났을 때 그들을 불쌍히 여기며 그냥 지나치지
않게 해 주세요"(잠 19:17).

● 코 : "공기가 오염된 환경에서도 나쁜 먼지를 잘 걸러내고, 숨을
쉴 때 불편함이 없게 해 주세요. 이삭이와 이슬이의 호흡이 기도
가 되고 찬송이 되게 해 주세요"(시 150:6).

● 입 : "이삭이와 이슬이의 입술에 파수꾼을 세우셔서 나쁜 말은 흉
내도 내지 않으며, 소금으로 맛을 내는 것처럼 말하게 하시고, 배
우고 익힌 언어로 담대하게 복음을 전하게 해 주세요"(골 4:6;
행 28:31).

● 귀 : "두 귀를 열어 말씀 듣기를 즐거워하며 다른 사람의 이야기를 경청하는 사람이 되게 해 주세요"(약 1:19).

● 가슴 : "이슬이가 자녀들을 낳으면 자신이 모유를 먹고 건강하게 자란 것처럼 자녀들에게도 꼭 모유 수유를 할 수 있도록 도와주세요. 무엇보다 이삭이와 이슬이에게 넓은 마음, 그리스도 예수의 마음을 부어 주시기를 기도합니다"(빌 2:5).

● 배 : "모든 장기가 튼튼하게 제 역할을 하게 해 주세요. 혼전순결을 지키는 정결한 사람이 되게 하시고, 하나님을 두려워할 줄 아는 믿음의 배우자를 만나게 해 주세요. 이삭이와 이슬이를 통해 거룩한 믿음의 자손이 이어지게 해 주세요"(시 127:3).

● 손 : "이슬이가 손톱을 물어뜯지 않고 청결하게 관리하면 좋겠어요. 악기로 아름다운 곡을 연주하며, 그림도 잘 그리고, 특별히 힘든 사람을 돕는 두 손이 되게 해 주세요. 이삭이는 아빠처럼 무엇이든지 뚝딱뚝딱 잘 만드는 손, 움켜쥐지 않고 넉넉히 나누는 손이 되게 해 주세요"(신 15:7-8).

● 발 : "두 아이 모두 건강하게 달리기를 잘하는 발, 복음의 신을 신고 많은 사람을 옳은 데로 돌아오게 하는 발이 되게 해 주세요"(단 12:3).

■ "하나님, 우리 자녀들이(자녀 이름을 넣어서) 배우고 확신한 일에 거하는 사람들이 되기를 기도합니다(딤후 3:14). 하나님을 경외하는 것처럼 어른을 공경하고, 세상의 유행을 따르기보다 그리스도인이라는 신분에 맞는 삶을 살게 해 주세요. 온유하고 겸손하면서도 유쾌한 사람이 되게 하시고, 좋은 선생님과 친구들을 만나 비전을 공유할 줄 아는 사람이 되게 해 주세요. 사사로운 감정에 치우치지 않고, 중요한 일을 결정할 때는 말씀을 기준으로 삼게 해 주세요. 예수님의 성장 과정처럼 하나님과 사람 앞에 사랑스런 자녀들이 되게 하시고, 모든 위험으로부터 보호해 주세요. 자녀들의 평생에 주님의 선하심과 인도하심이 함께하기를 원하며 거룩하신 예수님의 이름으로 기도합니다. 아멘."

이 기도문을 강의 현장에서 부모님들에게 소개하며 자녀를 위해 조목조목 기도해 보시라고 권유했는데, 몇 주 후에 한 어머니가 떨리는 목소리로 전화를 했다. 초등학교에 입학한 아들이 학교에서 친구들을 괴롭히고 여학생들에게 수위 높은 성적인 장난을 해서 담임 선생님과 상담 중이었는데 최근 아들에게 좋은 변화가 있다는 내용이었다. 야단을 치거나 잔소리를 해서 일어난 변화는 아니라고 했다. 밤마다 가정예배를 드리고 머리부터 발끝까지 아들을 품에 안고 기도한 지 얼마 지나지 않아 아이가 이렇게 말했다고 한다.

"엄마, 제가 욕을 끊었어요. 그리고 여자아이들을 함부로 대하지 않기로 했어요. 저는 이제 이 손으로는 친구들이 힘들 때 도와줄 거예요. 이건 다 엄마의 기도 덕분이에요."

재미난 동화처럼

"그러므로 믿음은 들음에서 나며 들음은 그리스도의 말씀으로 말미암았느니라"(롬 10:17).

남편은 밤마다 아이들을 양쪽에 눕혀 놓고 성경 이야기를 들려주었다. 천지창조 이야기, 노아 방주와 꿈꾸는 요셉의 이야기, 이스라엘 백성의 애굽 탈출 이야기, 삼손의 수수께끼 이야기, 다윗과 골리앗 이야기 등을 실감 나게 구연동화로 들려주었다. 아이들은 동화책을 읽는 것보다 아빠, 엄마의 목소리로 성경 이야기를 들으며 상상하는 것을 더 좋아했다. 듣는 시기가 지나자 아이들은 점차 말씀을 깨닫고 질문하기 시작했다. 어느 날 그림 성경을 보던 이삭이가 혼잣말을 했다.

"악어는 물속에서도 잘 사는데 왜 방주에 태웠을까?"

노아의 방주로 동물들이 암수 한 쌍씩 들어가는데, 그 대열에 악어가 있는 모습을 보고 한 말이었다.

듣고 깨닫는 시기가 지나면서 성경을 스스로 읽고 이해하는 단계로 넘어갔다. 그때부터는 성경 퀴즈 시간을 가졌다. 일명 '뒹굴뒹굴 토크'였다. 우리가 문제를 내면 주로 이삭이가 정답을 재빨리 말하고 이슬이는 항상 한발 늦어 눈물바람으로 잠드는 날이 많았다. 두 아이의 성경 지식이 깊어지자 남편은 신학대학원 입시 문제집을 구해 와서 퀴즈를 냈다. 아이들은 성경을 세계사적인 관점에서 역사로 이해하기 시작했고, '뒹굴뒹굴 토크'는 마음과 생각을 나누는 '심심(心心) 토크'가 되었다.

아이들이 어릴 때부터 특별한 형식 없이 성경 이야기를 들려주고, 찬송하고, 기도하는 시간을 매일 가졌는데 돌아보니 그것이 가정예배였다.

믿음이 어떻게 생기냐고 묻는 사람들이 있다. 믿음은 상대방을 알아야 생긴다. 처음 만난 사람을 무작정 믿는 사람은 없지 않은가. 하나님을 어떻게 알 수 있냐고 묻는 사람도 있다. 하나님을 알고 하나님을 믿으려면 성경을 읽어야 한다. 성경은 인생의 내비게이션과 같다. 내비게이션에 주소를 찍고 목적지를 찾아가는 과정을 떠올려 보라. 주소가 믿어져서 가는 것이 아니라 믿고 가면 목적지가 나온다. 마찬가지로 성경을 읽을 때도 믿고 시작하면 된다. 살아 있는 이야기라고 믿고 성경을 읽으면 생명의 주인이신 하나님을 만나게 된다.

그러므로 자녀에게 부지런히 성경 이야기를 들려주어야 한다. 어떤 재미있는 애니메이션 영화보다 더 실감 나는, 살아 있는 하나님의 말씀을 들려주어야 한다. 믿음은 들음에서 나고 들음은 그리스도의 말씀으로 말미암기 때문이다(롬 10:17).

•••• 가정예배의 변천

아이들이 초등학교에 입학하고 집중력이 길러진 후로는 조금씩

예배의 형식을 갖추어 갔다. 처음엔 일반적인 형식이었다. 시간과 장소를 정해 매일 밤 9시에 모여서 찬양하고, 성경을 읽은 후 각자 본문에서 깨달은 내용을 돌아가며 나누고, 기도하고 마치는 순이었다. 예배 인도는 주로 남편이 담당했다.

남편이 집에 없는 날에는 '엄마와 함께하는 암송 예배'로 드렸다. 하지만 아이들은 그 시간을 부담스러워했다. 말씀을 대여섯 문장씩 통으로 외워야 했기 때문이다. 좋은 음식을 많이 먹이고 싶은 엄마의 마음이 역효과를 일으킨 것이다. 하는 수 없이 한 토막씩 짧게 나누어 여러 번 되풀이하는 방법으로 바꾸었다. 그랬더니 얼마 후 아이들의 입에서 주기도문을 외우듯 말씀이 흘러나왔다.

암송을 하다 보면 노하우가 생긴다. 때로 깜짝 선물을 준비하거나 재미있는 동작을 겸하면 '암송 예배'가 즐거워진다. 부담스러워하던 아이들도 태도가 달라진다. 꾸준히 하다 보니 고린도전서 13장은 40분 만에 암송이 가능했다. 시작하기 전에는 어려울 것이라는 선입견이 있었는데, 아이들의 입에서 나오는 말씀을 들으니 옳은 길을 선택했다는 확신이 생겼다.

우리 가정을 비롯해 많은 믿음의 가정이 자녀들의 학교 공부는 해도 해도 부족함을 느끼고, 영어 단어는 과학적으로 검증된 방법까지 찾아 외우게 하면서 말씀에 대한 태도는 너무나 미온적이지 않은가 하는 생각이 들었다. 유행가는 토씨 하나 안 틀리고 음정과 박자까지 완벽하게 외워 따라 부르는 아이들이 주변에 얼마나 많은가. 암송을 하면 할수록 내 속에서 갈급한 마음이 일어났다.

'말씀은 흘러가는 유행가가 아니고 영원한 생명일진대, 다음 세대에게 말씀을 어떻게 전수해야 하나?'

말씀의 중요성을 인식한 이후 우리는 성경을 좀 더 많이 읽기 위해 '통독 예배'를 시도해 보았다. 전체적인 흐름과 맥을 잡으려면 성경을 읽는 분량을 늘려야 한다는 생각에 매일 10장씩 읽기로 했다. 가족들이 돌아가며 읽거나 휴대폰의 성경 통독 애플리케이션을 이용해 음성으로 듣는 날도 있었다.

그런데 '통독 예배'는 생각보다 쉽지 않았다. 시작한 지 얼마 되지 않아 집중력이 현저히 떨어졌다. 중간에 딴생각이 쉽게 들어왔고 졸음이 단골손님처럼 찾아왔다. 이해가 안 되는 부분에서 잠시 머물다 보면 읽던 부분을 놓치는 때도 있었다. 그러다 보니 예배가 점점 시간 때우기 식으로 흘러갔다. 의미도 모른 채 눈으로 글자만 따라가고 있었다. 마음이 실리지 않은 통독을 하고 나면 말씀 나눔이 제대로 되지 않았고, 건성으로 나누는 둥 마는 둥 하다가 기도 시간이 되면 엎어져서 졸았다.

많은 시행착오를 거쳤음에도 또다시 가정예배에 위기가 찾아왔다. 인도하는 남편의 얼굴에 힘든 표정이 역력했다. "이럴 거면 예배를 왜 드리냐? 정신 차리고 집중하지 않을 거면 차라리 예배를 드리지 말자"는 이야기까지 나왔다. 아이들은 반짝 정신을 차리는 것 같았지만 그 효과는 오래가지 못했다. 특별히 달라지는 모습이 없었고, 예배 시간은 지루하게 이어져 갔다. 결국 남편은 예배 중단을 선언했다.

달라진 예배

가정예배를 한 달 정도 쉬었을까? 처음엔 저녁 시간을 자유롭게 보내는 것이 좋았는데 시간이 갈수록 뭔가 허전함이 느껴졌다. 가족들 사이에 대화도 없어지고, 대화가 없으니 서먹한 분위기가 지속되면서 아이들이 슬금슬금 아빠의 눈치를 보기 시작했다. 어느 날 이슬이가 아빠에게 살며시 다가가 요청을 했다.

"아빠, 우리 다시 가정예배 드리면 안 될까요?"

가끔은 내가 말하지 못하는 것을 아이들이 대신 말해 준다. 쿠션 역할은 주로 이슬이의 몫이다. 남편은 딸의 제안에 아무런 말이 없다가 며칠 후 가족들에게 예배를 다시 시작하자고 공지했다. 오랜만에 우리는 둘러앉았고, 남편은 그날 특별한 예배를 제안했다.

"그동안 아빠가 참 힘들었어. 너희들이 껍데기만 와서 앉아 있는 것 같았거든. 이제는 하나님을 경외하는 마음으로 예배를 드려 보자. 오늘부터는 '153'으로 예배를 드릴 거야. '153'은 요한복음 21장에서 제자들이 잡은 물고기 숫자야. 이 숫자는 그냥 숫자가 아니라 순종을 의미해. 그래서 우리도 순종할 건데, '1'은 말씀을 읽고 나누는 거야. 오늘 읽은 말씀에서 너희가 깨달은 말씀을 한 절 나누면 돼. '5'는 감사 제목 5가지, '3'은 기도 제목 3가지인데, 어떤 것이든 괜찮아. 자유롭게 나누면 되는 거야. 인도자는 가족 중에서 돌아가며 누구라도 할 수 있어. 아주 쉽거든. 찬양으로 시작하고 '153'을 나눈 후에 기도하고 마치면 되는 거야."

남편의 설명을 듣는데 뭔가 단순하면서 예배 형식이 깔끔하다는 생각이 들었다. 우리는 '153가정예배'를 시작했고, 얼마 지나지 않아 예배에 대한 태도가 이전과 많이 달라졌음을 느꼈다. 일단 예배 시간에 대한 인식이 달라졌다. 한 번 중단의 위기를 겪어서인지 아이들은 외출했다가도 가정예배 시간에 늦지 않게 돌아와 준비된 태도로 자리를 잡고 앉았다. 말씀 나눔도 확실히 달라졌고, 처음에 간단하게 나누던 감사 제목과 기도 제목도 조금씩 깊이를 더해 갔다. 나눔 속에 진심이 담겨 있었다. 예배를 마치면 시간이 어떻게 갔는지 모르게 1시간이 훌쩍 지나 있었다.

가족 간에 결속력도 생긴 것 같았다. 153가정예배의 가장 좋은 점은 오늘 하루 어떤 일이 있었는지를 일일이 묻지 않아도 되는 것이었다. 153만 나누면 하루의 삶을 다 들을 수 있었다. 형식은 간단한데 막힘이 없는 즐거운 소통이라고나 할까. 153예배는 우리에게 가정예배의 새로운 지평을 열어 주었다.

153가정예배 : 이삭이네 가정

● 찬송 : 새찬송가 461장 "십자가를 질 수 있나"
● 말씀 : 디모데후서 4장

1 (1가지 말씀 나눔)
디모데후서 4장 14절에서 '행한 대로 갚으시는 하나님'을 묵상했는데, 잘못한 사람에 대한 판단은 나의 몫이 아니라 하나님이 하실 일이라는 것을 깨달았다. 억울한 일을 당하면 내가 갚아 주고 싶을 때가 많은데 전적으로 하나님께 맡기고 기도하기로 했다.

5 (5가지 감사 제목)

1. 맛있는 엄마 밥을 먹을 수 있어서 감사

2. 손 교수님 만나 진로 상담하고 온 것 감사

3. 경주에서 친구를 만난 것 감사

4. 가족들과 예배할 수 있어서 감사

5. 집이 가장 좋은 곳임을 깨닫게 되어 감사

3 (3가지 기도 제목)

1. 부모님의 건강

2. 진로를 찾을 수 있도록

3. 코로나19가 빨리 지나가도록

● 회개

새찬송가 461장을 부르면서 내 안에 완악한 마음이 있음을 알게 되었다. 2절 가사를 보면 십자가에 달리신 예수님 옆에서 죽기 직전에 구원받은 강도에 대한 이야기가 나온다. 예수님의 다른 한편에 끝까지 회개하지 않은 강도도 있는데 나는 어떤지 돌아보았다. 한 강도는 끝까지 완악했고, 다른 한 강도는 죽기 직전에 회개했다. 회개는 마지막 날에 하는 것이 아니라 그날그날 해야 한다는 것을 깨달았다.

● 기도

1. 각자 깨달은 말씀으로 기도

2. 감사 제목으로 기도

3. 서로 나눈 기도 제목으로 기도

4. 특별 중보 기도 – 이모와 숙모의 건강

5. 주기도문

153가정예배 사례 : 이안이와 이은이 가정

1 (1가지 말씀 나눔)

"여호와를 경외하는 것이 지식의 근본이거늘 미련한 자는 지혜와 훈계를 멸시하느니라"(잠 1:7).

엄마: '경외'라는 것은 두려운 감정에 가까워. 너희는 어떤 때 두려워?

이안: 난 깜깜할 때 무서워.

이은: 난 큰 개가 무서워. 카페에 놀러갔을 때 나에게 큰 개가 달려들어 깜짝 놀라 뒤로 넘어졌어. 목줄이 풀린 개는 다 무서워.

엄마: 그래. 그런 것이 두려운 느낌이야. 그런데 여기서 말하는 '경외'라는 단어는 목줄이 풀린 개를 봤을 때의 무서움이랑은 좀 달라. 이안이가 깜깜할 때 무섭다고 했는데 그건 왜 그렇지? 나 외에 다른 존재가 있을 것만 같아서?

성경에서 천사를 본 사람들도 엄청 무서워했어. 땅에 납작 엎드리기도 하고, 어떤 사람은 '난 죽었다'고 생각하기도 했지. 우리가 하나님에 대해 느끼는 두려움은 그것과 비슷해. 그걸 '누미노제'(numinose)라고 해. '성스럽다'라는 뜻이야. 우리 눈에는 보이지 않지만 분명히 존재한다고 느끼는 것, 거룩한 존재 앞에 섰을 때 느끼는 두려움. 그래서 우리가 영으로 예배하고, 기도하며, 하나님을 경외하는 마음으로 섬기는 거야. 하나님이 실제로 함께 계시고 우리의 기도를 들으시니까 그 하나님의 존재를 생각하고 경외하는 마음으로 눈을 감고 기도하는 거야.

이은: 그래서 눈 감고 기도하는구나. 근데 왜 그걸 지금 말해 줘? 내가 어릴 때 왜 밥상에서 눈을 감아야 하냐고 물으니까 엄마는 밥이 안 보여야 기도에 집중한다고 했어. 그리고 아빠는 눈을 뜨고 있으면 밥에 흥미가 없어진다고 했어.

이안: 난 기도할 때 밥을 보고 있으면 더 먹고 싶어져.

엄마: 하나님을 경외하는 게 왜 지식의 근본일까?

이은: 하나님을 두려워하지 않으면 만만하게 보니까.

엄마: 맞아. 경외하는 마음이 없으면 나랑 비슷한 수준으로 보겠지?

그래서 하나님보다는 내가 최고라 생각하게 되고, 하나님이 주

시는 지혜와 지식을 받아들일 수 없게 되지. 내가 중심이니까.

이안: 영화에서는 다 자기 힘으로 해결해.

5 (이은이의 5가지 감사 제목)

1. 집 밥을 많이 먹을 수 있어서 감사합니다.

2. 팬플루트를 배우게 되어서 감사합니다.

3. 가족들과 많은 시간 같이 있어서 감사합니다.

4. 햄스터 루루를 키울 수 있어서 감사합니다.

5. 오빠가 안 바쁘니까 성격이 좋아져서 감사합니다.

3 (이은이의 3가지 기도 제목)

1. 발레 학원에서 친구들이랑 사이좋게 지내게 해 주세요.

2. 우리 가족 코로나19에서 지켜 주시고 빨리 코로나19가 없어지게

해 주세요.

3. 발레 잘하게 해 주세요.

5 (이안이의 5가지 감사 제목)

1. 2시간 동안 자전거 타고 멀리 나갔는데 안전하게 다녀온 것 감사

합니다.

2. 행주대교와 호수공원까지 갔는데 아름다운 풍경을 보게 하셔서 감사합니다.

3. 중등부 선생님이 주신 50% 직원 할인 쿠폰으로 운동화 저렴하게 사서 감사합니다.

4. 코로나19 때문에 집에 있지만, 휴대폰을 많이 안 써서 감사합니다.

5. 검정고시 잘 봤다고 엄마가 자전거 헬멧 사 주신 것 감사합니다.

3 (이안이의 3가지 기도 제목)

1. 코로나19가 빨리 끝나서 교회 자주 가게 해 주세요.

2. 바이올린 레슨도 다시 하고 싶어요.

3. 씨앗학교 친구 오게 해 주세요.

5 (엄마의 5가지 감사 제목)

1. 홈스쿨링을 잘할 수 있어서 감사합니다.

2. 시험을 끝낸 이안이와 시간을 많이 보내게 되어 감사합니다.

3. 회사가 수출 바우처 수행 기관으로 선정된 것 감사합니다.

4. 아이들이 자기 할 일을 잘해서 감사합니다.

5. 이안이에게 좋은 친구를 주셔서 감사합니다.

3 (엄마의 3가지 기도 제목)

1. 아이들을 잘 지도하도록 지혜와 창의력을 주세요.

2. 남편이 하는 일을 통해(의료 인공지능) 많은 생명을 살리게 해 주세요.

3. 회사 운영에 지혜를 주시고 사람들에게 축복의 통로가 되게 해 주세요.

CHAPTER

2.

153 말씀의 비중

"모든 성경은 하나님의 감동으로 된 것으로 교훈과 책망과 바르게 함
과 의로 교육하기에 유익하니 이는 하나님의 사람으로 온전하게 하
며 모든 선한 일을 행할 능력을 갖추게 하려 함이라"(딤후 3:16-17).

153가정예배에서 가장 큰 비중은 성경 말씀에 두어야 한다. 감사
제목과 기도 제목을 나누는 일보다 말씀이 우선이다. 말씀이신 하
나님을 만나고 그 말씀에 액면 그대로 순종하는 것이 예배의 핵심
이기 때문이다. 자칫하면 습관적으로 말씀에서 교훈만 뽑아내고
끝낼 수 있다. 따라서 말씀을 구체적으로 적용하는 훈련이 필요하
고, 그 결과가 순종으로 이어지면 더 바랄 것이 없다. 그런 면에서
유진 피터슨(Eugene H. Peterson)의 말은 기억에 새길 만하다.

"하나님의 말씀에 의지해야 합니다. 그분은 우리 속에 무언가
가 일어나게 하십니다. 생각해 보세요. 성경에 나오는 모든 주요
동사의 형태는 명령형이지 않습니까. '가라', '믿으라', '빛이 있으

라' 등이지요. 명령형이 의도하는 결과는 순종입니다. 우리는 그의 명령에 순종함으로써 하나님께 보다 친밀하게 다가갈 수 있습니다."

말씀에 즐거이 순종하는 자녀를 하나님도 기뻐하신다. 온전한 순종은 온전한 질서 가운데로 들어가는 문이며, 거기서 우리의 믿음이 자라난다. 남편은 가정예배 때 아이들에게 이렇게 당부했다.

"이삭, 이슬아, 하나님 말씀에는 두 가지 능력이 있는데 첫째는 살리는 능력, 둘째는 살아가게 하는 능력이야. 말씀으로 회복되고 살아난 사람은 반드시 그 말씀에 순종하며 살게 되어 있어. 말씀은 우리의 상태를 정확하게 보여 주고, 가야 할 길을 비추어 주는 기능도 있어. 그러니까 너희가 가야 할 길을 다른 데 가서 묻지 말고 하나님께 여쭤 봐야 돼. 그리고 그 말씀에 순종하며 한 걸음씩 걸어가면 돼."

아빠의 당부에 이슬이가 야무진 결론을 내렸다.

"아빠, 엄마, 저는 하나님이 왜 다른 분이 아닌 두 분을 저에게 부모님으로 주셨는지 생각을 해 봤어요. 아마도 저에게 꼭 맞고, 꼭 필요한 분이어서 주신 거겠죠? 하나님 뜻에 순종하는 것은 가장 먼저 하나님이 저에게 주신 부모님께 순종하고, 부모님의 가치관을 따르는 것이라는 생각이 들었어요. 그래서 이제 아빠, 엄마 말씀에 순종하려고 해요. 밖에서 즐거운 시간을 보내다가도 늦지 않게 들어올게요. 아무리 즐거운 일도 절제할 줄 알아야 한다고 하셨잖아요. 밥은 밖에서 먹어도 잠은 집에서 자라고 하셨죠? 이

제 친구 집에서 안 잘게요. 특별한 모임이 생겨도 저녁에 드리는 가정예배를 최우선 순위에 둘게요. 그 시간은 하나님과의 약속이니까요. 그리고 아빠, 엄마에게 무슨 일이 생기면, 혹시 아프시기라도 하면 저는 무조건 하던 일을 멈추고 아빠, 엄마를 도울 거예요. 그 일은 딸로서 제가 마땅히 해야 할 일이니까요."

성경 안에 모든 것이 들어 있다. 교훈과 책망과 바르게 함과 의로 교육하기에 유익한 교과서가 성경인데, 그 안에 우리가 자녀에게 교육해야 할 내용이 다 들어 있다. 그러므로 성경에 가장 큰 비중을 두고 부모가 먼저 순종할 때 자녀들도 그 길을 따라 걸으며 결국에는 영적인 군사로 성장하게 되는 것이다.

어느 날 에베소서를 읽다가 하나님의 전신 갑주를 그림으로 그려 본 적이 있다. 아이들에게 영적인 군사를 시각적으로 설명해 주고 싶어서였다. 그림으로 그려 보니 말씀의 중요성이 더 크게 와닿았다.

에베소서 6장 11절에서 바울은 "하나님의 전신 갑주를 입으라"라고 명령하는데, 전신 갑주는 방어용과 공격용으로 나뉜다. 구원의 투구, 의의 호심경, 진리의 허리띠, 평안의 복음의 신, 믿음의 방패가 방어용 장비이고, 성령의 검, 곧 하나님의 말씀이 공격용 무기다. 다시 말해, 영적 전쟁터에서 유일하게 공격할 수 있는 무기가 말씀이다. 이런 이유로 생명과 직결된 하나님의 말씀에 가장 큰 비중을 두어야 하는 것이다.

"할렐루야 여호와께 감사하라 그는 선하시며 그 인자하심이 영원
함이로다"(시 106:1).

나는 글쓰기를 배운 적이 없지만 글쓰기를 쉰 적도 없다. 초등학
교 1학년 때 선생님이 내 주신 숙제로 일기 쓰기를 시작했는데 지
금까지 쓰고 있다. 그동안 방송국에서 작가로, 학교에서 교사로
일할 수 있었던 것은 특별한 실력이 있어서가 아니라 일기를 꾸준
히 써 온 덕분이다.

나의 일기는 언제부턴가 감사한 날들의 기록이 되었다. 힘들
고, 외롭고, 슬픈 날도 많았지만 일기에 감사를 빠뜨리지 않았다.
외로움에 집중하면 외로운 사람이 되고, 슬픔에 집중하면 슬픈 사
람이 된다 했던가. 하나님은 어떤 상황에서도 내 삶에 감사 제목
을 허락하셨다. 최소 5가지 감사 제목을 적어 넣으면서 내 일기장
에는 "감사 일기"라는 제목이 붙었다.

처음엔 감사가 쉽지 않았다. 도대체 뭐가 감사한지, 억지로 감
사한 일을 찾아 적어 넣는 기분이었다. 그런데 감사를 훈련하며
감사 안에 놀라운 능력이 숨어 있다는 사실을 알게 되었다. 감사
를 한다고 상황이 달라지는 것은 아니었지만 상황에 대한 나의 관
점이 달라졌다. "범사에 감사하라"(살전 5:18)라는 말씀에 순종하
자 삶의 표정이 달라졌다. 걱정과 근심, 불평과 원망을 감사로 바
꾸자 삶의 표정만이 아니라 삶의 내용과 결과도 달라졌다. 감사하

는 마음은 벽에 던진 공처럼 언제나 자기 자신에게로 돌아온다더니, 그 말이 실제가 되었다.

2018년 여름, 나는 허리디스크로 100일간 병원에 입원해 있으면서 한동안 휠체어 생활을 했다. 그때도 빠짐없이 일기를 썼는데, 어느 날 같은 병실의 환자가 밤마다 무얼 하냐고 물었다. 감사 일기를 쓴다고 했다. 그분은 의아한 표정으로, 휠체어에 앉아서도 감사가 나오느냐고 다시 물었다. 나는 막상 휠체어에 앉아 보니 아픈 분들의 마음이 느껴지고 고통을 공감할 수 있어서 감사하다고 말씀드렸다. 그 환자는 더 이상 질문하지 않았고, 다음 날부터 감사 일기를 쓰기 시작했다. 그분은 암 환자였다.

병원에서 퇴원할 때는 계절이 바뀌어 있었다. 가을에 학교로 복귀했는데 식당 앞 게시판에 '감사 공모전' 포스터가 붙어 있었다. 외부 공모전이었다. 학생들도 응모했다는 소식을 듣고 평소 감사 일기를 지도한 교사로서 나도 참여하기로 했다. 병원에서 100일간 쓴 일기장을 열어 하루에 한 가지씩 감사를 뽑아 "병실에서의 100감사"라는 제목을 붙여 공모전에 글을 보냈다. 그로부터 한 달쯤 지났을까. 한 학생에게서 전화가 걸려왔다.

"선생님, 빨리 공모전 홈페이지에 들어가 보세요."

다급한 목소리였다. 앞뒤 설명도 없이 어서 들어가 보라고 재촉했다. '글만 보내 놓고 까맣게 잊고 있었는데 나도 당선인가?' 싶어 공모전 홈페이지를 열었다. 수상자 명단 맨 위에 이름이 보였다. 내 이름이 그 자리에 있었다. 1등이었다. 아래로 꿈의학교

학생들의 이름도 여럿 눈에 띄었다. 시상식이 있던 날, 나는 수상자들 대표로 짧은 수상 소감을 전했다. 우리는 그저 날마다 감사 일기를 썼을 뿐이라고….

얼마 후 공모전 주최 측은 내가 입원했던 병원을 방문해 '병실에서의 100감사'를 전도용 소책자로 만들어 교도소나 병원에 비치하면 좋겠다는 제안을 했다. 감사는 또 다른 감사를 낳고, 매일매일의 감사가 기적을 불러온다는 것을 그날 경험했다.

기록은 기억보다 오래간다. 나에게 감사 일기는 글쓰기의 기초가 되어 주었고 지나간 추억을 언제든 불러올 수 있는 소중한 자산이다. '병실에서의 100감사' 중 일부를 소개하겠다.

주님, 아프지 않을 때는 보이지 않던 사람들이 보입니다. 아프지 않을 때는 들리지 않던 아픈 사람들의 이야기가 이제야 들립니다. 건강할 때는 결코 느낄 수 없었던 감정이 자꾸만 찾아와 당혹스럽기도 합니다.

모두가 잠든 밤, 육체의 고통이 외로움이었다가 때로는 슬픔이다가 어느 때는 분노로 변하기도 합니다. 대상도 없이 제가 화를 내곤 합니다. 잠 못 드는 밤이 여러 날 길어지면서 보이고, 들리고, 느껴지는 것들이 있습니다.

누군가의 아픔이 느껴지고, 신음이 들리고, 말로는 설명할 수 없는 고통이 눈에 보입니다. 그 아픔과 고통을 이제는 지식이 아닌 경험으로 보게 됩니다. 주님, 오늘 저는 고통의 한가운데서 인생을 배웁니다. 고통을 통해 인생을 배우게 하시니 감사합니다.

요즘도 가정예배를 드리며 가족들의 5가지 감사 제목을 일기장에 적는다. 어느 때는 그날이 그날 같지만, 지나간 일기를 들추어 감사 제목을 읽으면 하나님이 우리에게 어떤 은혜를 베푸셨는지 확인하게 된다. 때로 보잘것없어 보이는 삶일지라도 날마다 감사 제목을 나누는 것이 중요하다. 그 나눔을 통해 각 사람의 믿음이 성장하기 때문이다.

이따금 꿈의학교 졸업생들이 꾸준히 감사 일기를 쓰고 있다며 소식을 전해 오는데, 연락을 받을 때마다 보람이 느껴진다. 글의 분량은 생각의 분량이라고, 생각하는 훈련을 포기하지 말라고 수차례 강조하길 잘했다는 생각이 든다. 학생들에게 일기를 지도할 때 '비밀 일기'와 '공개 일기'로 나누어 '비밀' 표시가 된 부분은 넘어가고 공개 일기에는 댓글을 달아 주었는데, 그 댓글을 읽고 연락 주시는 부모님들도 있었다(자녀들의 일기를 다 열어 보았다는 얘기다). 어쨌든 하나님을 향한 학생들의 감사 일기는 감사 훈련으로 이어졌고, 교내 '감사 공모전'에서 우리 반 모두가 수상하는 영광도 누렸다.

●●●● 153 기도의 사람

"기도를 계속하고 기도에 감사함으로 깨어 있으라"(골 4:2).

가정예배는 자녀를 기도의 사람으로 만든다. 기도는 '매일 나에게 일어난 일, 도움이 필요한 일을 하나님께 말씀드리는 것'이라고 가르치면 아이들은 가족과 대화하듯 기도를 배운다. 아기가 태어나면 생존과 성장에 절대적 영향을 미치는 존재인 '엄마'를 가장 많이 부르는데, 무엇이 필요해서도 부르지만 그렇지 않을 때도 습관적으로 엄마를 부르곤 한다. 그래서 기도 훈련 역시 하나님을 부르는 것으로 시작하면 된다. 기도의 시작도, 마침도 하나님을 부르는 것이다. 하나님을 찾고 부르다 보면 인생의 주인이 더욱 분명해진다.

이삭이가 초등학생 때 감기 몸살을 앓던 어느 날의 일이다. 고열에 시달리는 아이를 눕혀 놓고 주방에서 식사를 준비하고 있었는데 방 안에서 흐느끼는 소리가 들렸다. 들어가 보니 이슬이가 이삭이의 이마 위에 손을 얹고 기도하고 있었다.

"하나님, 오빠가 아파요. 하나님, 고쳐 주세요. 하나님, 빨리 고쳐 주세요."

이슬이는 마치 기도가 자기 일인 것처럼 하나님께 전심으로 매달렸다. 아이의 기도 내용은 거듭해서 하나님을 부르는 것이 전부였다. 양쪽 볼을 타고 흐르는 눈물에는 오빠를 향한 간절함이 묻어 있었다. 그 모습을 사진으로 찍어 남겨 두었는데 언제 봐도 마음이 뭉클하다.

가정예배를 통해 기도가 습관이 되고 일상이 된 아이들은 일평생 좋은 일 앞에서도, 힘든 일 앞에서도 하나님을 먼저 기억한다. 그러므로 길게 기도하지 않아도 꾸준히 기도하는 습관을 갖는 것이 중요하다.

기도가 잘 안될 때도 있다. 기도할 때 뭔가 막히는 느낌이 있으면 먼저 하나님 앞에 솔직하게 마음을 열어야 한다. 우리 가족의 경우는 기도가 막히는 이유를 죄의 문제에서 찾았다. 날마다 감사 제목에 집중하느라 죄의 문제를 간과하고 있었는데 주님이 깨닫게 하셨다. 미움, 다툼, 시기, 질투 등 하나님이 기뻐하시지 않는 죄를 잔뜩 짊어지고 예배의 자리에 앉아 있었던 것이다.

하나님과 나를 가로막는 죄를 회개하지 않으면 말씀이신 주님이 내 안에 들어오실 수 없다. 빛과 어둠이 공존할 수 없는 것처럼 말이다. 천국을 얻으려면 먼저 회개해야 한다. 천국에 가서 회개하는 것이 아니라 회개해야 천국을 얻고, 능력을 받아 깨끗해지는 것이 아니라 깨끗해야 능력이 임하는 것이다.

우리는 기도 제목을 나눌 때 회개 제목을 나누기도 했고, 성령이 조명해 주시는 은밀한 죄가 있다면 각자가 하나님 앞에 가지고 나가라고 했다. 회개는 눈물 흘리며 죄책감을 갖는 것이 아니라 행위를 고치는 것이며, 죄의 길에서 방향을 바꾸어 돌아서 나오는 것임을 하나님은 말씀을 통해 깨닫게 하셨다. 그러므로 가정 예배를 드리기 전에 죄의 사슬을 끊는 회개 기도가 반드시 선행되어야 한다.

기도 훈련이 어느 정도 되자 하나님은 우리를 기도의 다음 단계로 부르셨다. 기도는 분명 거룩한 일인데, 새벽으로 밤으로 열심히 부르짖는 기도가 무엇을 달라는 기도, 내 문제에만 매여 있는 기도라면 사탄이 과연 그런 기도를 두려워할까 싶었다. 어느 날 하나님은 격전지 같은 기도의 현장으로 나를 불러내셨고 학교 와 교회의 중보 기도 모임을 통해 기도의 지경이 어마어마하게 넓 다는 것을 보여 주셨다. 또한 기도 없는 예배, 기도 없는 찬양, 기도 없는 헌신, 기도 없이 진행하는 모든 것은 사탄의 밥이 된다는 사 실도 깨닫게 하셨다. 내가 얼마나 기도에 무지했는지, 하나님은 무 릎 꿇은 자리에서 내 기도의 현주소를 보여 주셨다. E. M. 바운즈 (E. M. Bounds)는 《기도는 강하다》(두란노, 2009)에서 이렇게 말했다.

"기도하는 척하기가 어렵지 않다. 점잖고 우아하게 기도하기도 어렵지 않다. 그러나 지옥이 엄청난 타격을 받기까지 기도하며, 두 꺼운 철문이 열리기까지 기도하며, 산 같은 방해물이 사라지기까지 기도하며, 안개가 사라지고 구름이 걷히며 햇살이 비칠 때까지 진 정으로 기도하기란 참으로 어렵다. 하지만 이것은 분명 하나님의 일이며 인간이 할 수 있는 최고의 거룩한 노동이다."

점잖고 우아하게 기도하던 나는 그간 기도의 본질을 놓치고 있 었다. 기도하는 자만이 영적 전쟁터에 나갈 수 있고 거기서 진정 한 승리를 맛볼 수 있다는 사실을 경험하면서 기도의 강력이 믿어 지기 시작했다. "사람이 일하면 사람이 일할 뿐이지만 사람이 기 도하면 하나님이 일하신다"는 말이 믿어졌다.

그즈음 가족들과 같이 본 알렉스 켄드릭(Alex Kendrick) 감독의 영화 "기도의 힘"(War Room)은 우리에게 시사하는 바가 컸다. 감동 을 받은 남편은 베란다에 개인 기도실 '워룸'(War Room)을 만들어

정한 시간에 들어가 기도했고, 아이들이 잘못했을 때도 잔소리를 하거나 야단치지 않고 무조건 워룸에 들어가게 했다. 먼저 하나님 앞으로 나가라는 의미였다. 아이들이 제대로 기도했는지는 확인할 길이 없었지만 그렇게 개인 기도를 훈련시켰다.

워룸에는 세계지도를 마련해 각 나라에 파송된 선교사님들과 지인들의 기도 제목을 붙였는데, 얼마 되지 않아 지도 위가 빽빽하게 채워졌다. 나는 좀 더 구체적으로 기도할 필요를 느끼고 기도의 영역을 다음과 같이 나누어 보았다.

■ 나라 위한 영역별 기도

가정, 교회, 학교, 다음 세대, 정치, 경제, 사회, 문화, 환경, 예술, 종교, 스포츠

■ 대륙별 기도

주일 - 교회 공동체 / 월 - 대한민국, 북한 / 화 - 아시아 / 수 - 아메리카 /

목 - 아프리카 / 금 - 유럽, 태평양 / 토 - 교회, 설교자

우리 가족이 가정예배 시간에 대륙별 기도, 긴급 중보 기도, 미전도 종족을 위해 기도하고 있다는 것은 생각할수록 놀라운 일이다. 선교사님들을 통해 알게 된 선교회 "기도24365"와 "복음과기도미디어"가 우리의 기도에 날개를 달아 주었다. 두 곳의 인터넷 홈페이지에서 전해 듣는 소식들은 일반 포털 사이트에 올라오는 기사와는 차원이 달랐다. 같은 기사인데 관점이 달랐고, 그에 따

라 전혀 다른 해석이 가능했다. '비난'이라는 안경을 쓰고 보느냐, '성경'이라는 안경을 쓰고 보느냐의 차이였다. 정확히 말하자면, 인본주의 세계관과 성경적 세계관의 차이였다.

나는 컴퓨터 인터넷 시작 페이지가 "기도24365" 홈페이지로 설정되도록 바꾸고 실시간으로 올라오는 기도 제목을 정리해 가정예배 때마다 가족들에게 읽어 주었다. 그리고 지구본을 돌려 가며 각 나라를 위해 기도했다. 열방을 위한 중보 기도에 지구본은 필수 품목이 되었다. 라이베리아, 레소토, 니제르, 기니비사우 등 이름이 생소한 나라에 대한 기도 제목이 들어오면 지구본을 돌려 나라를 찾고 손을 얹어 기도했다. 그 땅에 직접 가지는 못해도 지구본 위에 손을 얹으면 마음의 태도가 달라졌다.

그렇게 기도로 전 세계를 누빈 시간은 매우 경제적이면서도 값진 세계여행이었다. 코로나19로 하늘길이 막혀 버린 상황에서도 우리가 기도로 넘지 못할 곳은 없었다. 어디든지 갈 수 있었다. 기도는 전쟁의 위협도, 바이러스의 위험도 모두 뛰어넘는 하나님의 강력이다.

정말 감격적이신 분

이슬: 엄마, 엄마, 어떤 분이 나를 위해 하루도 빠짐없이 기도해 주고 있었는데 그분이 누군지 알아요?

엄마: 아빠?

이슬: 아니….

엄마: 오빠?

이슬: 아니요….

엄마: 엄마?

이슬: 아닌데….

엄마: 그럼 누구지?

이슬: 물론 가족도 매일 기도하겠죠. 실은 내가 노력해도 안 되는 연약한 점이 있었는데, 그게 신앙적으로도 잘 해결이 안 됐는데 요즘 해결이 되는 거예요. 그래서 누군가 나를 위해 기도해 주고 있구나 생각했어요. '누굴까? 누가 날 위해 기도해 줄까?' 궁금했어요. 근데 방금 알았어요. 그동안 누가 날 위해 기도했는지…. 누군지 궁금하죠?

엄마: 응, 누군데?

이슬: 방금 화장실에 갔다가 알았어요. "이와 같이 성령도 우리의 연약함을 도우시나니 우리는 마땅히 기도할 바를 알지 못하나 오직 성령이 말할 수 없는 탄식으로 우리를 위하여 친히 간구하시느니라 마음을 살피시는 이가 성령의 생각을 아시나니 이는 성령이 하나님의 뜻대로 성도를 위하여 간구하심이니라"(롬 8:26-27). 엄마, 정말 감격적이지 않아요? 내 연약함을 도우시는 성령님이 내가 기도할 바를 알지 못할 때도 나를 위해 말할 수 없는 탄식으로 친히 간구하고 계셨어요.

이슬이는 공부하러 들어가고 나는 화장실에 들어가 화장실 타일

벽에 붙여 둔 말씀을 다시 읽어 보았다.

"감격적이신 분… 성령 하나님… 감사합니다."

153가정예배 사례 : 예강이네 가정 – 회개의 예배

가정예배 시간에 말씀을 읽던 중 예강이가 울기 시작했다.

"아빠, 내 죄가 자꾸 나를 괴롭혀서 견딜 수가 없어요."

예강이는 며칠 전 일을 이야기했다. 학교 바자회 때 반장이 팔려고 만들어 온 슬라임을 그냥 가져온 것이 마음에 걸린다고 했다. 아이는 예배를 드리던 도중 가족들 앞에서 모든 사실을 낱낱이 고백하다가 소리 높여 울었다. 그런데 문제의 슬라임은 이미 버린 후여서 돌려주려고 해도 돌려줄 수가 없었다. 가족들은 어떻게 배상을 해야 할지 함께 고민하다가 해결책을 찾았고, 예강이는 더 큰 소리로 울며 죄를 다 고백한 후에야 진정이 되는 것 같았다.

아내는 우리 가족 모두 각자 하나님 앞에 나가서 자신의 죄를 돌아보는 시간을 갖자고 했고, 나도 하나님 앞에 무의식적으로 짓는 죄가 없는지 생각나게 해 주시기를 기도했다. 그러자 성령이 그동안 불법으로 다운받은 영화를 기억나게 하셨다. 나는 즉각 하나님께 회개하고 영화 파일을 삭제하기로 다짐했다.

다음 날 출근길에 외장하드를 사무실로 가져가서 그동안 모아 둔 영화를 모두 삭제하려는데, 막상 없애려고 하니 아쉬운 마음이 들었다. 그동안 좋아하는 영화들을 모으느라 공들인 것을 생각하니 너무 아까워 몇 개라도 남겨 두고 싶었다. 그런데 그때 성령이 사무엘상 15장 말씀을 기억나게 하셨다. 하나님은 사울왕에게 아말렉 족속을 치라고 명하실 때 어떤 것을 진멸할 것인지 판단하지 말고 전부를 진멸하라고 하셨다. 그러나 사울은 좋은 것은 남기고 하찮고 가치 없는 것만 진멸했다. 결국 사울의 불순종으로 인해 하나님은 그를 왕으로 세운 것을 후회하셨다.

나는 쓰린 마음으로 그동안 모아 둔 영화를 모두 지웠다. 한편으로는 아까웠지만, 다른 한편으로는 마음속에서 말할 수 없는 기쁨이 솟아났다. 하나님이 순종하는 자에게 주시는 기쁨이었다. 마지막 시대를 살아가며 하나님이 우리에게 요구하시는 것은 정결한 삶이라는 것을 더욱 깨닫게 된 사건이었다. 아버지인 내가 말씀을 못 알아듣자 어린 딸을 통해 분명하게 말씀해 주신 하나님의 은혜에 감사드린다.

• • • • 찬송의 능력

"이 백성은 내가 나를 위하여 지었나니 나를 찬송하게 하려 함이니라"(사 43:21).

나는 음악을 친정 엄마에게서 배웠다. 내가 아는 음악은 엄마가 들려주신 찬송이 전부다. 엄마는 찬송가를 펴지 않고 대부분의 가사를 외워서 부르셨는데, 그것은 기억력이 좋아서가 아니라 엄마의 믿음이었다. 엄마는 기쁠 때나 슬플 때나 찬송을 부르며 예배의 자리로 나가셨다. 엄마가 돌아가신 후 나도 찬송가를 펼쳐 1장부터 마지막 장까지 불러 보았다. 한 절, 한 절 눈물로 부르는데, 모든 가사에 엄마의 믿음이 그대로 담겨 있는 것 같았다.

자녀에게 믿음을 심어 주는 방법 중 하나는 가정예배 때 찬송을 많이 부르는 것이다. 찬송은 믿음의 고백이면서 곡조 있는 기도다. 따라서 하나님께 일방적으로 드리는 것 같지만 찬송의 능력이 찬송하는 자에게 되돌아온다. 우리가 찬송을 하면 하나님은 그 고백을 통해 상한 영혼을 치료하시고 기쁨을 부어 주신다. 그러므로 힘든 상황에서도 감정과 기분에 상관없이 찬송을 부르면 놀라운 회복과 능력을 경험하게 되는 것이다.

가정예배 강의를 나갔을 때 함께 사는 시어머니와의 관계가 힘들다고 마음을 털어놓은 분이 있었다. 어떻게 하면 회복될 수 있을지 묻는 그분께 아침마다 집 안에 찬송이 울려 퍼지게 해 보시라고 처방전을 드렸다. 일주일 후에 연락이 왔다. 시어머니와의

68

관계가 훨씬 편해졌다고, 아침에 찬송을 틀어 놓았더니 시어머니가 하루 종일 읊조리듯 찬송을 부르신다고 했다. 더불어서 며느리를 향해 말씀하실 때도 음성이 한결 부드러워졌다고 했다. 당연한 결과다. 한 입에서 단물과 쓴물이 나올 수 없기 때문이다.

우리 집도 새벽이면 찬양으로 아이들을 깨우는데, 하루를 시작하며 TV 소리를 듣는 것과 하나님을 찬양하는 것은 차원이 다르다. 찬양은 마음에 깊은 평안을 준다. 그래서 나는 믿음의 가정을 만날 때면 찬양으로 아침을 열어 보라고 적극 권한다.

찬송의 능력은 관계를 회복하고 평안을 주는 데서 멈추지 않는다. 말씀 속으로 한 걸음 더 들어가 보면 찬송은 '그리스도인의 군가'라는 것을 확인할 수 있다. 다윗은 찬송으로 성공한 사람인데, 양을 치는 들판에서도, 군인으로 출전한 전쟁터에서도, 최고의 통치자로 있던 왕궁에서도, 목숨이 위태로운 상황에서도 찬송을 멈추지 않았다. 다윗은 시편의 대부분을 썼을 만큼 찬송의 사람이었다. 찬송이 불러온 놀라운 기적은 다윗의 일생에서 쉽게 발견할 수 있다.

역대하 20장에서 유다 왕 여호사밧도 찬송하며 승리를 체험했다. 암몬과 모압, 세일 자손들이 거대한 연합군을 형성해 유다를 침략했을 때 여호사밧은 누구도 상상하지 못했던 결단을 내렸다. 그것은 하나님의 말씀에 순종해 찬양대를 선봉에 세우는 일이었다. 창과 칼을 앞세워도 부족할 판국에 레위 지파로 찬양대를 조직해서 하나님을 찬양하게 했는데, 놀랍게도 여호와의 복병이 나타나 유다의 적을 치기 시작했다. 이 장면은 찬송이 그리스도인의

군가임을 명확히 보여 준다.

사도행전 16장에서 바울과 실라도 한밤중에 감옥에서 찬송하자 지진이 나고 옥문이 열리는 기적을 경험했다. 그리고 하나님의 도우심으로 풀려나 믿지 않는 간수와 그의 가족을 전도했다.

이러한 기적 외에도 찬송의 능력은 무궁무진하다. 다만 우리가 찬송을 부를 때 한 가지 염두에 둘 점이 있는데, 그것은 가사를 잘 분별해야 한다는 것이다. 개인의 하소연이나 위로에만 집중된 가사, 흥을 돋우기 위한 노래는 엄밀히 말해서 찬송이 아니다. 오직 하나님 한 분만 높여 드리는 찬송만이 진정한 찬송임을 기억하자.

"나는 여호와이니 이는 내 이름이라 나는 내 영광을 다른 자에게, 내 찬송을 우상에게 주지 아니하리라"(사 42:8).

153가정예배 사례 : 주환이 가정 – 찬양예배

- 찬양 : 마음껏
- 말씀 : 365일 큐티 말씀
- 기도
- 헌금
- 주기도문

저희 집은 날마다 찬양 예배입니다. 아이들이 찬송가에서 곡을 고르는데, 성탄 찬송이 빠지지 않고 들어갑니다. 막내는 요즘 글자를 읽기 시작해서 고르는 재미가 있는지 열심히 숫자를 찾아 "이거 하자, 저

거 하자” 말하고, 둘째는 성탄 찬송이 최고로 좋다며 둘이서 고르기 경쟁을 하고 있습니다. 큰아이는 묵묵히 다 받아 줍니다. 찬양하면서 손을 좌우로 흔들기도 하고, 어깨동무하고 흔들흔들하기도 합니다.

그런데 아이들의 집중 시간은 찬양 시간으로 끝인 것 같습니다. 즐겁게 악기와 율동으로, 화음을 넣어 이모저모로 신나게 찬양하고 아빠가 전해 주는 말씀을 들으면서 8살 막내는 제 다리에 드러눕습니다. 아이들이 어려워하니까 짧게 요약해서 말씀을 전해 달라고 주문하지만 아빠는 해 주고 싶은 말이 많은지 점점 추가되어 길어지기도 합니다.

그럼에도 감사한 것은 아이들이 신나게 질문도 하고 나누기도 하는데, 그럴 때면 예배가 참 즐겁고 재미납니다. 우리 아이들이 이렇게나 컸나 싶어 대견하기도 하고 말이 통한다는 것이 신기하기도 합니다.

코로나19로 인해 교회에 가지 못하는 기간에는 가정예배 때 헌금 시간도 가졌습니다. 저는 새해가 되면 신권으로 1년 치 헌금을 준비하는데, 적은 금액이라도 정성을 다해 드리자는 뜻에서 깨끗한 지폐를 준비해 헌금할 수 있도록 아이들에게 나누어 줍니다. 그러면 예배 때 아이들이 성경책에 끼워서 갖고 나옵니다.

지난주에는 남편이 직장에서 낙심되는 일이 있어서 휴가를 냈는데, 예배 시간에 아이들에게 아빠의 마음을 털어놓았습니다. 아이들이 그 이야기를 제대로 이해하지는 못했겠지만 위로해야겠다는 생각이 들었던지 아빠의 재능을 인정해 주는 상장을 만들어 주었습니다.

저희가 부족한 부모이고, 정말 미흡한 예배를 드렸는데도 하나님은 그 예배를 기뻐 받으신 것 같습니다. 아이들에게 위로를 받다니 놀라웠습니다. 하나님이 남편의 상한 마음을 가엾게 여기시고 아이들을 통해 선물을 주신 것 같습니다.

상장

제111호   이름 : ○○○

위 아빠는 자전거를 잘 고치고, 공부도 열심히 하고,

우리의 장난감을 잘 고쳐 주었으며,

가장으로서의 역할을 아주 잘 노력했으므로

이 상장을 수여해 드리겠습니다.

2020년 5월 15일

•••• 날마다 모여라

"서로 돌아보아 사랑과 선행을 격려하며 모이기를 폐하는 어떤 사람들의 습관과 같이 하지 말고 오직 권하여 그날이 가까움을 볼수록 더욱 그리하자"(히 10:24-25).

가족들은 가정예배를 이유로 날마다 모여야 한다. 어떤 집은 가정예배가 의무적이 되는 것 같아서 일주일에 한 번만 모인다고 하는데, 의무적이어도 좋다. 매일 모여야 한다. 처음엔 의무적이어도 의무가 훈련이 되고, 훈련을 통해 전심으로 드리는 예배를 경험하게 된다. 월터 A. 헨릭슨(Walter A. Henrichsen)은 그의 책 《훈련으로 되는 제자》(네비게이토, 2017)에서 이렇게 말한다.

"그리스도인은 많다. 그러나 그리스도의 제자는 찾아보기 힘들다. 그 이유는 아마 다른 사람을 제자로 삼으려는 그리스도인이 부족하기 때문일 것이다. 우리가 너무 바빠 세상에서 가장 중요한 일을 못하고 있는 것은 아닐까? 혹은 대가 지불을 두려워하는 것은 아닐까?"

나는 월터 A. 헨릭슨의 글을 이렇게 바꾸어 보았다.

"그리스도인 가정은 많다. 그러나 날마다 예배하는 가정은 찾아보기 힘들다. 그 이유는 자녀들을 그리스도의 제자로 훈련시키는 일이 얼마나 중요한지 모르기 때문이다. 우리는 너무 바빠 세상에서 가장 중요한 일을 못하고 있는데, 그것은 예배를 선택하고 다른 것을 포기하는 대가 지불이 두렵기 때문이다."

뛰어난 운동선수는 오랜 훈련으로 만들어지듯, 예수님의 제자도 훈련으로 만들어진다. 가정예배는 성경으로 세상을 분별하는 제자훈련이기도 하다. 그러므로 매일 모여야 한다. 모여서 그날그날 가족들에게 일어난 사소한 이야기를 들어 주고, 감정을 받아 주고, 어려운 일은 함께 고민해 주고, 죄의 문제는 함께 싸워 주어야 한다. 그것이 건강한 가족이다. 실수와 실패의 경험도 솔직하게 나누는 자리가 마련될 때 자녀들의 믿음은 추상이 아닌 실제가 된다. 삶의 현장에서 어떻게 믿음을 사용해야 하는지 터득하게 된다.

다음은 우리 가족 SNS 대화방의 일부다. 자격증 시험을 보던 날 이슬이와 나의 대화가 담겨 있다. 가정예배에서 실패담을 나눈 이슬이의 '오감사'(5가지 감사 제목)가 재미있다.

1. 시험에서 떨어졌지만 담담한 마음 주심 감사

2. 실패를 기회로 삼게 하심 감사

3. 전철에서 만난 스님에게 복음 전할 용기 주심 감사

4. 저녁에 가족들과 삼겹살 먹게 하심 감사

5. 생명 다루는 일을 더 확실히 공부하게 되어 감사

이슬이는 그다음 시험에서도 떨어졌다. 쉽게 생각했다가 연이어 실패하더니 세 번째 시험은 제대로 공부하고서 원하는 자격증을 취득했다. 합격자를 부를 때 조마조마했다며 집에 돌아와 현장 이야기를 실감 나게 들려주었다. 세상일이 호락호락하지 않음을 배운 것 같아 감사했다.

어쨌든 가족들은 날마다 모여야 한다. 그래야 실패한 이야기도 듣고, 실수한 경험도 나누고, 거기서 비롯한 생생한 믿음의 고백을 들을 수 있다. 가족은 모여야 한다. 모여야 가족이다.

건강한 약속

"마땅히 행할 길을 아이에게 가르치라 그리하면 늙어도 그것을 떠나지 아니하리라"(잠 22:6).

날마다 모이다 보니 가족 안에 자연스럽게 규칙이 생겨났다. 우리는

건강한 삶을 위해 몇 가지 규칙을 세웠다. 일명 '건강한 약속'이다.

건강한 약속

　　1. 밤 11시 이후에는 휴대폰 안 보기

　　2. 휴대폰은 한곳에 모아 두고 자기

　　3. 아침에 일어나면 성경 먼저 읽기

　　가정예배가 끝나면 휴대폰을 보지 않기로 했다. 걸려오는 전화만 받고, 메시지 확인이나 웹 서핑은 하지 않기로 했다. 아주 특별한 일이 있는 경우만 사용을 허락하고, 평소에는 잠자기 전에 성경 보고 기도하는 것으로 하루를 마무리하자고 했다. 아침에 일어나서도 휴대폰을 찾기 전에 말씀부터 읽기로 했다. 하루의 시작과 마지막 시간을 구분해서 하나님께 드리기로 한 것이다. 약속을 어길 경우 3일간 휴대폰 사용을 금지하기로 했다. 규칙이 좀 엄하다고 생각되었지만 약속을 지키면 될 일이었다.

　　그런데 어느 날 이슬이가 규칙을 어겼다. 약속대로 휴대폰을 반납한 아이는 3일 후 가정예배 때 이런 고백을 했다.

▨ "처음엔 휴대폰 없이 지낸다는 게 좀 답답하고 두렵기까지 했어요. 너무한
　다는 마음도 들었고요. 그렇지만 약속은 약속이니까 지켜야 한다고 생각했
　죠. 그런데 제가 3일간 얼마나 자유로웠는지 아세요? 공부도 집중이 잘됐
　고, 그간 읽고 싶었던 책도 마음껏 읽었어요. 휴대폰이 없으니까 진짜 자유

롭더라고요. 저에게 진정한 자유를 맛보게 해 주셔서 감사합니다."

그런 약속이 가능하냐고, 약속이 얼마나 지켜지냐고 묻는 분들이 있다. 물론 부모인 우리도 지키지 못할 때가 많다. 하지만 규칙이 있는 것과 무작정 허용하는 것은 하늘과 땅 차이다. 때로 규칙이 불편하고 불평이 나올 수도 있다. 하지만 그것이 힘들다고 각자 알아서 하라고 맡겨 두면 가족이 공동체로 존재해야 할 이유가 없지 않은가. 가정에는 함께 지켜 가야 하는 규칙이 있다는 사실을 명확히 알려 주고 그 선을 지킬 수 있도록 가르쳐야 한다. 자녀들의 사회성은 가정에서 먼저 길러지기 때문이다. 단, 금지 사항은 최소화하고 아이들이 기준을 정하도록 기회를 주는 것은 좋은 교육이 된다.

질서 있는 가족 공동체의 유대감 안에서 부모의 역할은 자녀에게 마땅히 행할 길을 가르치는 것이다. 그리하면 아이들은 늙어도 그 가르침을 떠나지 않는다. 그러고 보니 우리에게는 휴대폰에 관한 잊지 못할 기억이 또 하나 있다.

휴대폰 파괴식

"아빠가 휴대폰을 망치로 톡톡 치셨어요. 그랬더니 액정이 찌지직 갈라졌어요. 그래서 깨진 유리를 털어 내고 휴대폰 속은 어떻게 생겼나 자세히 들여다봤는데 정말 신기하고 복잡했어요. 잠시 후에 아빠가 '잘 봤지?' 하고 깨진 부속품을 비닐에 담더니 자전거를 타고 어디론가 사라지셨어요. '휴대폰 파괴식'은 그렇게 끝났어요."

휴대폰을 처리하고 돌아온 이슬이가 내용을 상세하게 요약해 주었다. 휴대폰을 부순 이유는 아이들이 아빠가 쓰던 옛날 휴대폰으로 자꾸 게임을 하고 절제하지 못해서였다나. 그래도 그렇지, 그걸 망치로 부수다니! 휴대폰 대리점에 팔면 보상금을 받을 수 있고 스마트폰이 없는 내가 쓸 수도 있었는데…. 아까운 마음이 들자 남편이 미워졌다. 그런데 아이들의 다음 이야기에서 꽁했던 마음이 스르르 풀렸다.

"근데 엄마, 참 이상하죠? 휴대폰이 깨지는 순간 내 마음속 욕망도 다 사라지는 것 같았어요."

이슬이의 말이었다. 이삭이도 한마디 덧붙였다.

"저도 이제 아무 미련이 없어요. 휴대폰이 없으니까 차라리 속이 시원해요. 아빠 몰래 게임할 때마다 찔렸는데…."

좀 무리한 방법이라고 생각했는데 아이들에겐 제법 효과가 있었던 것 같다. 절제할 수 없을 때는 깨뜨리는 것도 좋은 방법이구나 싶었다. 아이들은 아마도 자기들이 이름 붙인 '휴대폰 파괴식'을 잊지 못할 것이다. 앞으로 세상을 살아가며 때때로 마음에 욕망이나 미련이 남을 때 아빠와 함께 부순 휴대폰이 생각날 것이다. 그리고 욕망과 미련을 어떻게 처리해야 할지를 결정하리라.

본전 생각이 나서 잠깐이나마 남편을 미워했던 나 자신을 반성했다. 그리고 생각해 보았다. 지금 내 마음속에서 깨어 버려야 할 것은 무엇인지, 내가 버려야 할 미련은 무엇인지….

윤진이네 가정, "우리도 153가정예배를 드려 보자"

저희 집은 윤진이가 어릴 때부터 가정예배를 많이 시도했는데 지속적으로 연결되지 않는 것이 문제였습니다. 남편에게 동의를 구해 함께 진행한 것이 아니라 아이들과만, 그것도 낮에 예배를 드렸습니다. 저녁에 예배를 드린 적도 있지만 퇴근하면 몸이 천근만근이라며 일단 쉬고 싶어 하는 남편에게 동의를 구하기가 어려웠습니다. 그래서 아이들과 셋이서만 예배를 드리다 보니 마치 남편만 외딴섬처럼 남는 것 같았습니다. 이래저래 많은 이유로 언제나 시도는 좋았으나 늘 단발성에 그치고 말았습니다.

그런데 가정예배 강의를 듣고 무엇이 문제였는지 깨닫게 되었습니다. 예배가 너무 형식적이면서도 딱딱했고, 엄마인 저만 명령하달 식으로 다다다다 말하고 끝내는 것이 문제였습니다. 그리고 무엇보다 자녀들에게 좋은 것을 주고 싶어서 예배를 위해 다양한 서적과 교재들을 참고했는데 그 양식이 너무 많았다는 것, 엄마인 저의 의가 너무나 컸다는 것이 문제였습니다. 그러다 보니 자료를 준비하다 지레 지치고, 준비가 덜 되면 예배를 못 드리면서 예배가 중단되었습니다. 참 부끄럽습니다.

153가정예배 강의를 들으며 남편과 제가 동일하게 도전받은 것은 '어라? 이런 예배라면 누구든, 언제든 시작할 수 있겠구나!'였습니다. 그리고 그것이 정말 통했습니다. 그냥 하루의 삶을 식탁 앞으로 그대로 가지고 오기만 하면 되는 것이었습니다. 지금은 가족들 누구도 부담 없이 모이기에 힘쓰고 있습니다.

첫 번째 강의에서 자녀 교육을 세상에 맡긴 채 손을 놓고 있었던 부모의 모습과 공교육이 다 해결할 수 없는 이 시대의 문제점을 인식하게 되었습니다. 그 위기감을 가지고 세 번째 강의를 들었을 때 결국 가정의 회복이 먼저라는 것과 그것은 오직 말씀 안에서 이루어지는 것임을 성령이 저와 남편에게 강한 감동으로 알려 주셨습니다. 그리고 놀랍게도 하나님은 남편의 입술을 열어 "우리도 153가정예배를 드려 보자"라는 고백을 하게 하셨습니다. 할렐루야!

남편도 첫날 강의를 듣고 큰 도전을 받았는데, 귀가하는 동안 그 강했던 도전이 도루묵이 되더라고 했습니다. 그동안 남편은 퇴근해서 저녁 식사만 끝나면 방 문을 닫고 들어가서 혼자만의 시간을 누렸기 때문입니다. 저도 결혼 전에 직장생활이 힘들었던 경험이 있어서 남편을 쉴 수 있게 해 주고 싶었습니다. 아이들에게도 아빠를 배려해 드리자고 이야기했습니다.

남편은 자기만의 시간을 포기하는 것이 어려웠다고 말했습니다. 가정예배를 시작하면 귀찮아지겠다는 생각도 막 밀려왔다고 합니다. 그런데 지금 시작하지 않으면 결국 우리는 또 평소처럼 살아가겠구나 싶어서 용기를 냈다는 것입니다.

가장 큰 감사 제목은 우리가 그동안 각자 자신이 힘든 것만 생각하며 그 올무에 매여 살아가고 있었는데, 힘들고 지친 일상의 명약은 오직 말씀뿐임을 깨닫게 된 것입니다. 인생의 진정한 휴식은 '인생

사용 설명서'인 말씀을 통해서만 가능하다는 것을 알게 된 것입니다.

저의 153가정예배 노트를 보니까 2020년 4월 27일에 첫 예배를 드렸고, 그 뒤로 월요일부터 금요일까지 빠지지 않고 모이고 있습니다. 한 주에 한 절씩 매일 암송도 하는데, 현재 로마서 12장과 시편 1편을 암송하고 있습니다. 막내가 9살이어서 집중력이 오래가지 않는 편이지만 서로 배려하면서 가급적 길지 않게 153을 나누고 있습니다. 그러다 보니 깊이 있는 나눔이 어려워 아쉬운 점도 있지만 이 또한 시간이 더해 갈수록 분명 채워지리라 믿습니다.

온 가족이 153가정예배가 정말 좋다며 예배 때마다 은혜를 나누어 줍니다. 남편은 회사에 도착해서 15층 사무실까지 계단으로 걸어 올라가면서, 길을 걸으면서 무시로 말씀을 암송하며 묵상하다 보니 이제야 골수까지 쪼개는 말씀의 능력이 느껴진다며 뭉클한 간증도 나누어 주었습니다.

특별히 사춘기를 지나는 딸과 아빠의 거리가 멀어지는 것 같았는데, 예배 시간에 이런저런 나눔을 통해 점점 좁혀지고 있습니다. 또한 마냥 장난스러운 둘째의 이야기도 잘 들어 주는 남편의 모습을 보면서 감동을 받습니다. 저 역시 요즘 코로나19로 인해 하루 종일 아이들과 한 공간에 머물다 보니 심신이 쉬 지쳐서 오후가 되면 마냥 늘어졌는데, 놀랍게도 가정예배를 통해 다시 회복되고 힘을 얻고 있습니다.

요즘 남편의 입술에서 나오는 고백을 듣고 있노라면 하나님이 주신 약속이 이루어지고 있는 것 같아 말할 수 없이 기쁘고 감사가 넘칩니다.

CHAPTER

3.

•••• 엄마의 편지

이삭이와 이슬이가 말을 배우는 시기에 재미있는 표현을 꽤 많이 했다. 한창 자랄 때 엉뚱한 질문을 하거나 어설픈 발음이 나오면 왜 그리 재미있던지…. 그때그때 한 말들을 수첩에 기록해 두었다. 아이들이 초등학교에 입학했을 때는 작은 수첩을 마련해 겉표지에 '엄마의 편지'라고 적고 매일 편지 한 장씩을 써서 가방에 넣어 주었다.

'엄마의 편지'는 품속에서 빠져나간 아이들과 소통하는 연결 고리 역할을 해 주었다. 오른쪽 페이지에는 엄마의 당부를, 왼쪽 페이지에는 성경 말씀을 적었는데, 가정예배 때 함께 읽었던 말씀 중에서 마음에 새겼으면 하는 구절을 적었다. 엄마의 당부만 적었다면 잔소리로 끝났을 텐데, 왼쪽 페이지에 적은 성경 말씀이 아이들에게 양약이 되었다. 요즘은 다들 휴대폰으로 소통하지만 우리 아이들은 20세가 되어서야 휴대폰을 사용했기 때문에 나는 제법 오랫

동안 '엄마의 편지'로 자녀들과 소통할 수 있었다.

사람들은 내 직업이 작가여서 '엄마의 편지'도 쉽게 쓸 수 있었던 것이라고 말한다. 그 말도 틀리진 않지만, 나는 작가로서 아이들에게 문학적인 편지를 쓴 것이 아니다. 그저 평범한 엄마의 목소리를 담았을 뿐이다. 학교 끝나면 바로 집으로 오라고, 학교 앞에서 파는 병아리 사오지 말라고, 비가 그쳐도 잊지 말고 우산을 꼭 챙겨 오라고, PC방 기웃거리지 말고 곧장 오라고…. 그런 이야기였다.

두 아이는 요즘도 '엄마의 편지'를 한 번씩 꺼내 읽으면서 즐거워한다. 사소한 추억이고 지나간 이야기인데 옛날 생각이 나는가

보다. 더 재미있는 추억은 없는지, 어릴 적 이야기를 세세하게 묻기도 한다. 나도 지나간 날들이 가물가물 기억이 안 날 때 '엄마의 편지'와 빛바랜 일기장을 열어 본다. 그러면 어제의 시간이 모두 살아서 오늘이 된다.

내가 지금까지 살면서 가장 잘한 일이 있다면 '엄마의 편지'를 쓴 것이 아닐까 싶다. 잔소리 같은 글이지만 우리 아이들이 살아가며 꼭 지켜 줬으면 하는 중요한 삶의 가치를 담았다고나 할까. 몇 년 전에는 '엄마의 편지' 요약본이라고 할 수 있는 당부를 적어 잘 보이는 곳에 붙여 두었다. 길어지면 잔소리가 될 것 같아 10가지만 적어 냉장고에 붙였다.

애들아, 우리 이런 사람이 되자

1. 아침에 눈을 뜨면 "나의 힘이신 여호와여 내가 주를 사랑하나이다"(시 18:1)라고 고백하며 일어나자.

2. 첫 시간은 하나님께 드리자. 일어나서 가장 먼저 성경을 읽고 충분히 기도하자.

3. 오늘 하루 누군가에게 필요한 존재가 되자.

4. 마땅히 생각할 그 이상의 생각은 하지 말자. 5분 이상 고민해서 해결 안 될 일은 나의 일이 아니라 하나님이 하실 일이라고 생각하자. 포기하자! 우리가 포기하면 주님이 일하신다.

5. 어떤 경우에도 거짓말은 하지 말자. 교복을 입었을 때 학생 신분에 맞게 행동하는 것처럼 우리가 그리스도로 옷 입었다는 것을

기억하고 어디서든 정직한 그리스도인이 되자.

6. 시간을 잘 지키자. 사소해 보이는 약속을 잘 지키는 사람이 아름다운 사람이다.

7. 베풀고 나누며 살자. 흐르는 물에는 생명이 있지만 고여 있는 물은 썩는다. "움켜쥔 손보다 편 손이 더 힘이 있다"는 말을 기억하자.

8. 다른 사람의 이야기를 경청하고, 말 잘하는 사람보다 잘 말하는 사람이 되자.

9. 밥은 여러 곳에서 먹어도 잠은 집에서 자자. 가족을 향한 소중한 마음이 길러진다.

10. 구별된 삶을 살자. "하나님이 싫어하시는 일은 절대로 하지 말고 하나님이 기뻐하시는 일에는 생명을 걸자." 그것이 하나님을 경외하는 삶이다.

•••• 내 자식이라면

"네가 뭔데 내 인생에 끼어들어?"

주변이 떠나갈 듯 쇳소리를 내며 아이가 나에게 달려들었고, 곧이어 두 눈에 번쩍 불이 들어왔다. 아주 순식간에 일어난 일이었다. 나는 초등학교 6학년 여학생에게 사람 많은 버스 정류장에서 제대로 뺨을 맞았다. 간략히 요약하자면, 길에 쓰레기를 버리는 아이에게 휴지통에 넣으라고 말했다가 벌어진 10년 전쯤의 씁쓸한 기억이다. 오지랖 넓게 괜한 참견을 했다가 황당한 일을 당했다고 말하는 사람들도 있겠지만, 나는 여전히 오지랖이 넓다.

언젠가 이슬이가 시청률 1위를 달리는 재미있는 드라마가 있다며 남편에게 보채듯 말했다. 두 사람의 대화가 이어졌다.

"아빠, 드라마 좀 보여 주세요."

"그 드라마 15세 넘어야 되는데."

"저 올해 15세인데요."

"만 15세는 아니잖아."

"그럼 만 15세가 되면 '다시 보기'로 봐도 돼요?"

대화 중간에 내가 들어갔다.

"만 15세가 되든 25세가 되든 엄마는 허락할 수 없어. 시기와 질투, 살인과 복수가 이어지는 장면을 재미로만 보여 줄 순 없어."

아이는 더 이상 토를 달지 않았다. 방송에서는 만 15세 혹은 만 19세로 연령을 정해 두고 청소년도 시청이 가능하다 말하지만 엄마의 눈으로 보면 보여 줄 수 없는 내용이 허다하다. 세상은 허락하지만 엄마는 허락할 수 없는 것이다. 시청률 1위를 달리는 드라마라 해도, 또다시 거리에서 여학생에게 뺨을 맞는다 해도 아이들을 그냥 둘 수 없는 까닭은 눈앞에 보이는 아이들이 내 자식들이기 때문이다. 꿈의학교에서도 학생들을 어떻게 바라볼까 고민이 될 때마다 모든 상황에 '내 자식이라면'을 대입시켰더니 생각과 태도가 분명해졌다. 교실에 들어설 때마다 이 생각을 잊지 않았다.

'오늘 수업이 마지막이라면 나는 아이들에게 무슨 말을 할 것인가? 어떤 가치를 전할 것인가?'

•••• 사춘기(思春期)

꿈의학교에 있는 동안 사춘기의 절정을 달리는 중2만 담임했다. 그 무섭다는 사춘기 아이들을 떼로 마주한 것이다. 백문일답 "몰라요"인 아이들. 그들과 함께 살아가기 위해서는 먼저 소통하는 방법을 터득해야 했다. 사춘기는 흔히 '질풍노도(疾風怒濤)의 시기'라고 부른다. '몹시 빠르게 부는 바람과 무섭게 소용돌이치는 큰 물결'이라는 뜻인데, 사춘기 때의 감정이 대부분 그렇다는 것이다. 부모와는 감정의 줄을 자르고, 교사를 상대적 존재로 보는 시기의 아이들에게 언젠가 이런 질문을 했다.

"사람들은 저마다 마음속에 버리고 싶은 게 한두 가지가 있는데 여러분은 무얼 버리고 싶어요?"

예상한 답들이 나왔다. 아이들은 거짓말, 욕, 시기와 질투, 웹툰과 게임 중독, 드라마 중독 등 좀처럼 절제되지 않는 각자의 약함을 이야기했다. 그런데 전혀 뜻밖의 답을 꺼낸 학생이 있었다.

"엄마를 버리고 싶어요."

진심이냐고 물었더니 그렇다고 했다. 엄마의 잔소리가 싫다는 이유에서였다. 매번 반복되는 잔소리에 화가 난다고 했다. 그 아이에게는 앵거신드롬(Anger syndrome)이 있었다. '화병', '울화병'과 같은 뜻으로, 주로 가슴이 답답하고, 숨이 막히며, 뛰쳐나가고 싶고, 뜨거운 것이 뱃 속에서 치밀어 오르는 증세와 불안, 절망, 우울, 분노가 함께 일어난다고 알려져 있다. 개인의 감정적인 필요가 채워지지 않을 때 찾아오는 질병이다. 감정적인 필요란 누군가에게 사랑을 받고, 가치를 인정받고, 어딘가에 소속되기를 원하는 것인데 그렇지 못할 때 화병이 생긴다.

우리나라 청소년 4명 중 1명이 우울증을 겪고 있다는 통계가 있다. 감정을 밖으로 표출하지 않는 아이들은 자기를 공격하는 양상으로 우울증을 드러내기도 한다. 어릴 때는 먹는 것과 보살핌으로 정서적 영향을 받는다면 사춘기에는 말과 대화로 영향을 받는다. 그래서 말을 잘못하면 관계가 깨지기도 한다.

특별히 학기 초에 말은 고사하고 표정도 없는 아이들과 마주하는 것은 쉬운 일이 아니었다. 그때마다 나는 조심스럽게 말문을 열었다.

"여러분, 사춘기가 되면 어떤 변화가 나타나죠? 개인에 따라 차이가 있지만 급격히 키가 크고 몸무게가 늘어나죠? 그런데 제 눈에는 마음의 키가 자라는 게 보여요. 여러분은 키도 자라지만 생각이 깊어지는 시기여서 지혜와 키가 자라갈수록 하나님과 사람 앞에 더욱 사랑스런 사람이 될 거예요. 이건 제 말이 아니라 성경에

91

나와 있어요. 예수님도 지혜와 키가 자라면서 더 사랑스러워지셨 거든요."

"예수는 지혜와 키가 자라가며 하나님과 사람에게 더욱 사랑스 러워 가시더라"(눅 2:52).

사랑스런 눈으로 바라보면 아이들은 사랑스런 사람이 된다. 정 말 그렇다. 보는 대로 된다. 무표정이던 아이들의 얼굴이 달라지기 시작했고, 각자가 지닌 고유한 빛깔이 드러났다.

나는 교실에서 만나는 학생들과 어떻게 하면 더 깊이 소통할 수 있을까를 생각했다. 교사는 남을 가르치면서 동시에 자신을 가르친 다는데, 그래서 가르친다는 것은 '두 번 배운다'는 의미를 담고 있다 는데, 아이들을 가르치면서 동시에 나 자신도 가르치는 것은 무엇 일까 고민하고 또 고민했다. 그리고 마침내 답을 찾았다.

●●●● 막힘없이 잘 통하다

'소통'(疏通)의 뜻을 사전에서 찾아보니 '막힘이 없이 잘 통한다' 라고 풀이되어 있었다. 나는 사춘기 아이들의 이야기를 듣고 싶었 다. 들어야 알고, 알아야 소통할 수 있으니까. 고맙게도 과제로 내 준 일기 쓰기가 제일 먼저 소통의 창구가 되어 주었다. 또한 한 학 기 수업으로 '주제 글쓰기'를 개설하고 학생들에게 생각하는 글을 쓰게 했는데, 그 수업 역시 좋은 소통의 도구가 되었다.

사춘기의 특성상 길게 생각하기 싫어하는 아이들은 처음부터 글쓰기를 좋아하지 않았다. 하지만 동기부여가 중요하게 작용했다. 중학교 때부터 생각하는 글쓰기를 하지 않으면 고등 과정에 올라가서 선생님과 함께 하는 '책 쓰기' 수업에 들어오기 힘들 것이라고 이야기했다. 수업 진행이 어렵다고 했다.

"생각하며 살지 않으면 사는 대로 생각한다. 그러니 일주일에 노트 한 페이지만 생각으로 채워 보자"고 목표를 정해 주고 글씨체의 기본기도 잡아 주었다. 일일이 아이들의 손을 잡고 함께 쓴 것은 아니지만 글씨체가 반듯해질 때까지 두 번이고, 세 번이고 계속해서 다시 써 오라고 주문했다. 불만으로 입이 불거진 아이들에게 '신언서판'(身言書判)을 설명하며 "외모가 반듯하고(身), 언어가 분명하고(言), 필치가 아름답고(書), 글의 이치가 뛰어난(判) 사람이 되어 보자"고 당부했다.

학생들을 향한 당부는 그리 오래지 않아 현실로 드러났다. 시간이 지나면서 점차 개성 있고 감동 있는 글을 써 오기 시작했다. 물론 글씨체의 변화도 놀라웠다. 수업 시간은 과거 서예 시간을 연상시켰다. 서예가 집중력과 창의력을 키워 주고 성격이 급한 사람도 여유 있게 변화시킨다더니, 노트 필기는 기대 이상의 효과가 있었다. 펜을 잡고 침착하게 글을 쓰는 아이들을 바라보면 내 마음마저 차분해졌다.

한 남학생은 자신의 글씨를 보며 믿기지 않는다고 했다. 그 학생의 어머니도 학교에 찾아와서 아들의 글씨체가 어떻게 바뀌었는지를 물어보았다. 글쓰기 수업은 아이들의 본래 모습, 창조의 원형이 회복되는 시간처럼 느껴졌다. 글씨체가 반듯해진 노트를 보는 것도 기뻤지만, 여러 주제에서 주옥같은 글들이 쏟아져 나오는 것이 놀라웠다.

그런데 더욱 놀라운 것은 글 속에 '153'이 녹아 있다는 것이었다. 가정예배에서 시작한 '153'을 교실에서 시도하며 얼마나 효과가 있을지 사실 반신반의했는데 학생들의 글에는 말씀과 감사, 기도가 가득했다. 그중에서 마음에 울림을 준 글들의 일부를 소개해 본다. "엄마 생각"과 "문제 해결"이라는 주제로 쓴 글들이다.

< 엄마 생각 >

"엄마는 절대로 아프면 안 되고, 하루라도 쉬면 안 되고, 늘 가족을 돕는 사람이다. 난 그런 엄마를 보며 '엄마는 참 힘든 거구나' 생각했다. '엄마'라는 단어가 내 머릿속을 꽉 채운다. 엄마가 나에게 주는 사랑은 무료인데 왜 나는 유료일까? 갑자기 엄마가 보고 싶다. 엄마 품에 와락 안기고 싶다. 엄마,

감사해요."

"우리 엄마는 나를 위해 기도하는 사람이다. 엄마가 흘린 눈물의 기도로 내 삶에 꽃이 피고 있다. 엄마를 생각하면 눈물이 난다. 만약 지금 혼자 있다면 펑펑 울 것 같다. 내가 거짓말을 하거나 나쁜 짓을 할 때마다 엄마가 항상 하시는 말씀이 있다. '네가 아무리 큰 잘못과 실수를 해도 넌 내 아들이야.' 그 이야기를 생각할 때마다 감사하다."

"엄마와 아빠가 이혼하셨다. 엄마와 나는 14년을 함께해 왔고 우리는 서로에게 중요한 존재다. 하지만 나는 기숙학교에 있다. 사랑하는 사람과 떨어진다는 건 힘든 일이다. 엄마는 고통을 감수하면서 항상 내 선택을 존중해 주는데 나는 학교에서 숙제도 미루고 한심하게 산다. 엄마는 늘 말씀하신다. '괜찮아. 지금부터 잘하면 돼. 주어진 일에 최선을 다하렴.' 그러면서 오히려 날 위로해 주신다. '엄마, 미안해요. 감사해요. 사랑해요.'"

"엄마가 좋아서 난 엄마를 가방에 넣어 다니고 싶다는 생각을 한 적이 있다. 통통한 우리 엄마는 결혼하기 전엔 예뻤는데 우리를 낳고 살이 쪘다며 맨날 뱃살 보며 한숨을 쉬신다. 하지만 나는 엄마가 연예인보다 훨씬 예쁘다고 생각한다. 상담사보다 더 상담을 잘해 주시는 엄마. 나에게 그런 엄마를 주신 하나님께 정말 감사드린다."

"우리 엄마는 나를 가슴으로 낳았다고 했다. 그러나 난 그 말을 이해하지 못했다. 그런데 어느 날 아빠가 이런 말씀을 하셨다. '너를 너무나 사랑해서 양자가 아닌 친자로 호적에 올렸다'고…. 나는 그때야 비로소 가슴으로 낳았다는 말이 와닿았다. 그리고 그날 밤 울었다. 나를 가슴으로 낳아 주신 부모님께 너무나 감사해서…."

"다섯 살 때 꿈을 꿨다. 엄마와 헤어지는 꿈을…. 가지 말라고 외쳤지만 엄마는 어떤 차를 타고 멀리 가셨다. 그 꿈은 나에게 현실이 되었다. 학교에 우산을 안 가져간 날, 다른 친구들은 엄마와 함께 한 우산을 쓰고 집으로 가는데 난 쓸쓸히 혼자 남아 할머니를 기다렸다. 지금은 엄마를 볼 수 없지만 나에게 추억을 남겨 준 엄마에게 감사하다."

"나는 외딴 시골에서 자랐다. 나의 가장 친한 친구는 엄마였는데 엄마가 일하러 가면 강아지와 놀았다. 하지만 강아지와는 말할 수가 없어서 나는 엄마가 일하러 갈 때면 엄마를 쫓아가 치마를 잡고 엉엉 울었다. 엄마가 가는 게 싫었다. 엄마는 그때의 일이 많이 미안하신지 지금은 어떤 일보다 나와 함께 있는 시간에 최우선을 두신다. 엄마의 사랑을 글로 표현하기엔 너무나도 부족하다."

< 문제 해결 >

"주님, 저는 문제가 있어요. 제 문제는 저를 만드신 주님께 맡겨야 해결된다는 걸 이제야 알게 되었어요. 그런데 제 안에는 해결될 거라는 믿음과 확신이 아직 없어요. 주님, 저에게 믿음을 허락해 주세요."

"내 문제는 믿음이 없는 것. 그래서 문제를 맡기지 않는 것. 주님께 가져가야 할 문제를 나 자신이 가지고 있으니 걱정은 많은데 정작 문제는 해결되지 않는다."

"나는 문제도, 걱정도 많은 어리석은 사람이다. 그래서 하나님께 믿음을 구하려 한다. 그것밖에는 내가 할 수 있는 일이 없기 때문이다. 나는 오늘도, 내일도, 그다음 날에도 주님께 믿음을 구하며 기도할 것이다."

●●●● 암송 훈련

수업이 끝나면 반별 종례가 있는데 그 시간이 제법 길다. 담임 교사가 반 아이들과 소통하는 시간이기 때문이다. 한시라도 빨리 교실에서 벗어나 운동장으로, 매점으로, 생활관으로 가고 싶어 하는 아이들은 종례가 길어지면 몹시 지루해하는데 나는 그 시간을 말씀 암송 시간으로 사용했다. 성경 한 절을 암송하면 종례를 끝내겠다는 조건을 걸었더니 아이들이 환호했다. 단, 첫날은 1절이지만 둘째 날은 2절까지, 셋째 날은 3절까지, 매일 한 절씩 늘어난다는 조건이었다. 아이들은 그래도 좋다고, 빨리 외울 수 있다고 했다.

우리는 야심차게 말씀 암송을 시작했다. 매일 분량이 늘어나면서 부담스러워하긴 했지만 말씀 암송은 성공적이었다. 아이들은, 야고보서 3장, 디모데후서 3장, 로마서 8장, 신명기 6장 등 손가락을 꼽아 가며 척척 암송했다.

말씀 암송은 그저 외우는 데서 끝나지 않았다. 교실에서 재미있는 모습이 나타나기 시작했다. 예를 들어, 혀의 위험성을 경고하는 야고보서 3장을 암송하게 했더니 언어생활이 눈에 띄게 달라졌다. 거친 말이 줄어들었고, 티격태격하던 아이들이 말씀을 암송하면서 웃음으로 갈등을 해소했다. 디모데후서 3장과 신명기 6장은 말씀 암송에 박차를 가해 주었다. 길을 갈 때에든지, 앉아 있을 때에든지 아이들의 입에서 말씀이 끊이지 않았다. 그해 스승의날에 내가 받은 편지들 중 일부를 소개하겠다.

"선생님, 할 말이 많지만 한마디만 적을게요. 저를 선생님의 말이 아닌 하나님의 말씀으로 가르쳐 주셔서 감사합니다. 잊지 못할 거예요."

"젊은 선생님들은 주먹으로 치면 주먹으로 받아치시던데 선생님은 보자기로 받아 주셔서 감사합니다."

"나중에 유명한 사람 돼서 시상식에 나가면 그때 선생님 이름을 꼭 말해 줄게요."

2017년 가을에는 말씀 암송이 훈련된 학생들을 데리고 대학로에 가서 종교개혁 500주년 기념 뮤지컬 "더 북-성경이 된 사람들"(THE BOOK)을 관람했는데 공연 후기가 공연만큼이나 감동적이었다.

"올해 성경 1독을 하겠다고 엄마와 돈을 걸고 약속했는데 그 다짐은 일주일도 가지 못했다. 뮤지컬을 통해 성경을 읽어야겠다고 다짐했고, 이단 취급을 받고 정죄를 당하더라도 그것이 진리라면 그런 취급을 받을 수 있는 용기와 갈급함을 얻고 싶었다."

"'보다가 자야지' 생각했는데 말로 할 수 없는 깊은 감동이 있었다. 보는 내내 부끄러움과 감동이 공존하며 내 마음을 쿡쿡 찔렀다. 뮤지컬을 보며 결단한 것이 있다. 자필 성경을 써 보는 것이다. 북한에도 성경이 들어가기를 기도한다."

"재미도 없고 연기도 볼품없을 것 같았는데 보는 동안 나의 생각은 완전히 바뀌었다. '롤라드, 말씀을 외워 말씀이 된 사람들!' 이 말이 제일 와닿았다."

"세상 재미에 길들여진 나에게 종교개혁 500주년 기념 뮤지컬은 솔직히 구미가 당기지 않는 일이었다. 그러나 뮤지컬을 본 이후 내 생각은 바뀌었다. '살려 하는 자는 죽을 것이요, 죽으려 하는 자는 살 것이다.' 참된 진리를 받아들여야겠다는 생각을 하게 되었다."

사람이 10명 모이면 10명 모두 자기 소견에 옳은 대로 말하지만, 하나님의 말씀은 빛과 어둠, 선과 악을 분명하게 나눈다. 세상을 분별하는 힘은 말씀을 아는 만큼 길러진다. 어릴 때는 말씀에 감추어진 뜻을 다 알지 못하고 암송하지만, 훗날 아이들은 말씀으로 세상을 분별하게 된다. 나는 그 놀라운 효과를 지금도 자녀들과 제자들을 통해 확인하고 있다.

●●●● 졸업생의 질문

한 졸업생이 찾아와서 물었다.

"선생님, 저는 술과 담배가 그리스도인들에게 선택의 문제일 뿐 필수는 아니라고 생각해요. 맥주 한 잔 앞에 두고 오랜 시간 대화하는 거, 멋지잖아요. 취하지만 않으면 되는 거 아니에요?"

가만히 이야기를 듣고 있다가 잠언을 펼쳐 읽어 주었다.

"재난을 당할 사람이 누구며, 근심하게 될 사람이 누구냐? 다

투게 될 사람이 누구며, 탄식할 사람이 누구냐? 까닭도 모를 상처를 입을 사람이 누구며, 눈이 충혈될 사람이 누구냐? 늦게까지 술자리에 남아 있는 사람들, 혼합주만 찾아다니는 사람들이 아니냐! 잔에 따른 포도주가 아무리 붉고 고와도, 마실 때에 순하게 넘어가더라도, 너는 그것을 쳐다보지도 말아라. 그것이 마침내 뱀처럼 너를 물고, 독사처럼 너를 쏠 것이며, 눈에는 괴이한 것만 보일 것이며, 입에서는 허튼 소리만 나올 것이다. 바다 한가운데 누운 것 같고, 돛대 꼭대기에 누운 것 같을 것이다. '사람들이 나를 때렸는데도 아프지 않고, 나를 쳤는데도 아무렇지 않다. 이 술이 언제 깨지? 술이 깨면, 또 한 잔 해야지' 하고 말할 것이다"(잠 23:29-35, 새번역 성경).

그리고 이렇게 말했다.

"성경에 문자적으로 '술 마시지 말라'는 말씀은 없지만 '마시지 말라'는 말과 '쳐다보지도 말라'는 잠언 말씀 중 어느 쪽이 더 확실하게 들리나요? 이게 단지 포도주와 맥주의 문제가 아니라는 건 알고 있지요? 술에 관해 달리 해 줄 말은 없고 잠언 말씀이 제대답이에요. 그리고 담배에 관한 것도 마찬가지예요."

고린도전서의 한 구절을 더 읽어 주고 말을 이었다.

"너희 몸은 너희가 하나님께로부터 받은바 너희 가운데 계신 성령의 전인 줄을 알지 못하느냐 너희는 너희 자신의 것이 아니라 값으로 산 것이 되었으니 그런즉 너희 몸으로 하나님께 영광을 돌리라"(고전 6:19-20).

"하나님의 본심은 우리의 몸이 상하지 않는 거예요. 예수님의 생명을 지불하고 우리를 살리신 하나님의 마음을 잘 생각해 보세요. 사랑하는 자녀의 건강이 나빠지는 것을 원하는 부모가 없는 것처럼 하나님도 우리 몸에 해로운 것이 들어가는 일을 원하시지 않겠지요?"

며칠 후 학생으로부터 메일을 받았다.

"선생님, 저는 졸업식과 함께 말씀 학교에 입학한 기분이에요. 제가 이제껏 말씀 보는 시간을 수면 시간으로 여겨 왔거든요. 그날 선생님과의 대화는 하나님의 일하심이라고 확신할 수밖에 없네요. 그동안 학교라는 온실 속에서 추운 줄 모르고 살아왔는데 밖에 나오니 하나님에 대한 갈급함이 점점 더 느껴져요. 선생님, 저는 서울에 있습니다. 오시면 언제든 연락 주세요. 선생님이 사주시는 밥, 맛있게 먹겠습니다."

아이들이 불쑥불쑥 질문을 해 올 때가 있다. 그들은 오랜 시간 생각한 끝에 제법 진지한 자세로 와서 묻는다. 나는 그 질문에 대한 답을 내 안에서 찾지 않기로 했다. 우리 인생의 내비게이션인 성경에서 찾기로 했다. 답은 성경 안에 모두 들어 있다.

•••• 건강한 관계

건강한 관계는 한쪽만 일방적으로 이야기하지 않는다. 다시 말해,

우리가 기도하는 목적은 나의 문제 해결이나 소원 성취에 있지 않고 하나님과의 관계에 있다. 그러므로 기도하기 전에 하나님과 올바른 관계에 있는지 점검하고, 하나님이 나에게 무슨 말씀을 하고 싶어 하시는지 먼저 그분의 뜻을 물어야 한다.

예수님도 겟세마네 동산에서 "나의 원대로 마시옵고 아버지의 원대로 하옵소서"(마 26:39)라고 기도하셨다. 우리가 기도하면서 그 결과를 전적으로 하나님의 뜻에 맡겨야 하는 이유는 예수님이 그렇게 하셨기 때문이다. 마태복음 6장 33절을 주의 깊게 살펴보면 하나님의 영역과 우리의 영역이 분명하게 나뉘어 있다는 것을 알 수 있다.

"그런즉 너희는 먼저 그의 나라와 그의 의를 구하라 그리하면 이 모든 것을 너희에게 더하시리라"(마 6:33).

여기서 "그리하면"이라는 말씀을 기준으로 앞부분은 우리의 몫이고, 뒷부분은 하나님의 몫이다. 예레미야 33장 3절도 마찬가지다.

"너는 내게 부르짖으라 내가 네게 응답하겠고 네가 알지 못하는 크고 은밀한 일을 네게 보이리라"(렘 33:3).

부르짖는 것은 우리의 몫이고, 크고 은밀한 일을 보이시는 것은 하나님의 몫이다. 그런데 그간 나는 부르짖지 않고 무작정 응답만 기다렸다. 기도가 주술적인 수준에 머물러 있었다. 하나님을 '소원을 들어주는 요술램프'쯤으로 생각한 것이다.

"그의 나라와 그의 의를 구하라"라는 말씀도 구체적으로 무엇을 구해야 하는 것인지 알지 못했다. 어느 날 말씀을 듣다가 하나님을 사랑하고 이웃을 사랑하는 것이 하나님의 나라와 그의 의를 구하는 것이며, 위로는 하나님 사랑, 옆으로는 이웃 사랑이 곧 십자가라는 사실을 깨닫게 되었다. 하지만 나에게는 이웃을 사랑하는 마음이 없었다. 하나님을 사랑하는 것과 이웃을 사랑하는 것은 별개가 아니며 하나님 사랑은 반드시 이웃 사랑으로 나타나야 하는데, 나의 이웃 사랑은 늘 손익분기점에서 벗어나지 않는 체면치레 사랑이었다.

주님은 그런 나에게 기도에 대해 정확히 가르쳐 주셨다. "너에게 없는 것을 구하라." 나에게 없는 것을 구하는 것, 그것이 기도라고 하셨다. 나는 부모로, 교사로 가르치는 위치에 있으면서 말씀을 삶으로 살아내지 못하고 있었다. 말로만 가르치는 반쪽짜리 가르침이었다. 하나님의 말씀은 그 말씀을 살아내는 사람을 통해 전해질 때 능력이 되는데 말이다. 예수님이 제자들에게 기도를 가르치실 때 기도의 자리로 나가 본을 보여 주신 것처럼 나에게도 실제로 무릎 꿇는 삶이 필요했다.

나는 학생들과 주말 기도 모임을 작정했다. 꿈의학교는 기숙형 학교여서 주말에도 수업이 있었는데, 토요일 수업이 끝나면 점심 식사를 하고 오후 1시부터 밤 9시까지 기도하기로 결정했다. 모임 이름은 '느헤미야 기도'였다. 무너진 예루살렘 성벽을 52일 만에 재건한 느헤미야처럼 무너진 영역을 기도로 세우자는 의미에서였다.

"기도24365" 인터넷 홈페이지 자료의 도움을 받아 50분 기도하고 10분 쉬면서 학생들과 다양한 영역을 위해 기도했다. 하루 8시간, 성벽을 쌓는 심정으로 시작한 '느헤미야 기도'는 3년간 지속되었다. '과연 할 수 있을까?' 생각하며 시작했는데 주님은 나의 한계를 훌쩍 뛰어넘는 훈련 기간을 허락하셨다. 기도는 기도하는 사람을 바꾸어 놓는다더니, 우리는 기도의 자리에서 서로의 변화를 경험했다. "기도가 게임보다 재미있다"고 했던 한 남학생이 지금도 기억에 남는다. 중간, 중간 선생님과 학부모들도 기도회에 참여했다. 어느 시간대에는 아무도 오지 않아 혼자 기도하기도 했다. 그때 자주 부른 찬양이 "말씀 앞에서"였다.

"말씀 앞에서 경외함으로 주께 홀로 섭니다 / 생명의 말씀 읽고 순종해 주를 예배합니다 / 기록된 말씀 힘이 있어서 진리로 우릴 거룩케 하며 / 거룩한 말씀 세세 영원히 복음이 되어 말씀하시네 / 하나님 말씀에 두려워 떠는 자 그 말씀에 생명을 거는 자 / 한 사람 찾으시는 주님의 약속을 믿어 / 하나님 말씀에 운명을 거는 자 순종하며 주 따라가는 자 / 영원한 하나님 나라 이뤄 갈 주의 교회여 일어나라 / 주 말씀은 우리를 구원에 이르는 지혜이니 / 목숨과 네 뜻 다해 그 말씀에 복종하라."

기도의 자리는 하나님을 만나는 자리였다. 사람과의 만남도 시간이 길어지면 깊이를 더해 가는데, 하나님과의 만남은 그에 비할 수가 없었다. 기도하기 전과 기도하고 난 후에는 몸과 마음의 상태가 달랐다. 무엇으로 설명할 수 없는 충만한 기쁨이 느껴졌다. 학생들과의 관계도 달라졌다. 서로 이야기를 나누거나 상담을 한 것도 아닌데, 기도만 했을 뿐인데 신뢰가 쌓이기 시작했다. 기도의 능력이었다.

나는 그 여세를 몰아 월요일에는 교사 중보 기도 모임을 하고, 주중에는 여학생 생활관으로 들어갔다. 야간 자율 학습 중간에 쉬는 시간이 있었는데 그때 생활관 물품 창고에 들어가 기도했다. 그러자 고3 여학생들이 합류했다. 고3들에게는 학교를 졸업하기 전에 에베소서 6장을 암송하게 했다. 세상에 나가기 전에 하나님의 전신 갑주를 입혀 주고 싶었다.

그때 함께했던 졸업생들에게서 종종 연락이 온다. 해외에 나간 학생들도 고3 때 생활관 물품 창고에서 기도했던 시간이 그립다며 메시지를 보내오곤 한다. 다음은 한 제자에게서 받은 메시지다.

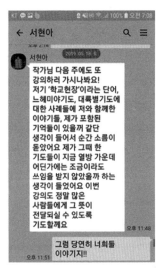
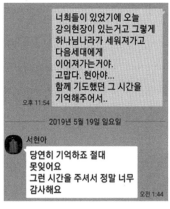

●●●●● 말씀 기도

말씀과 기도는 떼려야 뗄 수 없는 관계다. 하나님의 말씀으로 기도하면 응답받는 기도를 하게 된다. 우리가 가정예배에서, 학교 기도 모임에서 지속적으로 힘 있게 기도할 수 있었던 이유는 말씀으로 기도했기 때문이다.

성경을 읽다 보면 말씀을 인용해 말씀으로 기도한 사람들을 쉽게 찾을 수 있는데, 다윗, 요나, 다니엘, 하박국 등이다. 말씀으로 기도하면 하나님을 아는 지식이 더해지고, 믿음이 견고해진다. 그러므로 자녀들과 함께 기도할 때는 방언 기도보다 말씀 기도를 추천한다. 계속해서 말씀이 귀에 들리도록 훈련하면 자녀들도 기도할 때 하나님의 말씀으로 힘 있게 기도하게 된다. 가정예배 때 함께 읽은 말씀이나 암송한 본문으로 기도하면 말씀과 기도가 통일성을 갖게 된다.

하나님의 뜻대로 하는 기도는 말씀대로 하는 기도이며, 하나님의 말씀이 믿어지는 자리가 기도의 자리다. 진리에 근거한 기도는 언제나 정확하다. 기도를 나의 말이나, 혹은 내 감정이나, 내 힘으로 한다면 막연해 방향을 잃을 수 있지만 말씀을 따라가는 기도는 그 방향이 분명하다. 그리고 주님은 그런 기도를 결코 외면하시지 않는다. 또한 그 길은 주님과 함께 걷는 길이어서 언제나 안전하고 완전하다. 다음은 디모데후서 3장 1-5절을 읽으면서 말씀으로 기도한 내용이다.

"'너는 이것을 알라 말세에 고통하는 때가 이르러 사람들이 자기를 사랑하며 돈을 사랑하며 자랑하며 교만하며 비방하며 부모를 거역하며 감사하지 아니하며 거룩하지 아니하며 무정하며 원통함을 풀지 아니하며 모함하며 절제하지 못하며 사나우며 선한 것을 좋아하지 아니하며 배신하며 조급하며 자만하며 쾌락을 사랑하기를 하나님 사랑하는 것보다 더하며 경건의 모양은 있으나 경건의 능력은 부인하니 이 같은 자들에게서 네가 돌아서라'(딤후 3:1-5).

하나님, 우리가 고통의 시대를 살아가며 하나님보다 자기를 사랑하는 일이 없기를 기도합니다. 돈에 마음을 빼앗기거나, 은근슬쩍 나를 자랑하거나, 교만하지 않게 하옵소서. 특별히 남을 비방하는 댓글이 넘쳐 나는 세상에서 마음을 지키게 하옵소서. 부모에게 순종하며, 범사에 감사하고, 거룩함을 잃지 않는 믿음의 사람으로 각 사람을 세워 주옵소서. 무정함이나 원통함을 갖지 않으며 다른 사람을 모함하는 일이 없게 하소서. 모든 일에 절제하며, 사납지 않으며, 선한 것을 추구하고, 어떤 경우에도 사람을 배신하지 않으며, 조급하거나 자만하거나 쾌락을 좇지 않게 하옵소서. 경건의 모양만 있고 경건의 능력을 부인하는 가짜 그리스도인이 되지 않도록 주여, 우리 마음을 지켜 주옵소서. 예수님의 이름으로 기도합니다. 아멘."

CHAPTER

4.

•••• 우리가 배워 가는 것들

주변에서 나더러 무늬만 엄마라고 했다. 그리고 방목이라 했다. 맞다. 나는 아이들을 방목해 왔다. 늘 풀어 놓았으니까. 단, 밥해 주는 일만은 최선을 다했다. 그 외에는 관여한 것이 없다. "공부는 학교에서! 예절은 집에서!" 이것이 내 나름의 교육 철학이었다.

나는 아이들 학교에 찾아간 일이 없다. 비 오는 날 우산 주러 간 적은 있지만 필요 이상의 관심을 보인 적은 없다. 무심하다 할 만큼 학교에서 적어 온 알림장 한 번 열어 보지 않았다. 하지만 아이들은 그로 인해 책임감을 배웠고 자기의 일을 스스로 하는 자립심을 키웠다.

우리 가족은 10여 년을 방 한 칸에서 생활했다. 몽골 선교에 뜻이 있어 떠날 때 가볍게 가기 위해 집 없이, 짐 없이 사는 훈련을 해 온 것이다. 명색이 글 쓰는 작가라고 하나뿐인 책상은 늘 내 차지였고, 아이들은 엄마 뒤에 앉아 밥상 펴고 숙제하며 공부했다. 집에 손님이라도 오시는 날이면 밥상을 들고 주방으로, 신발장 앞으로 옮겨

다니며 공부했다.

우리 집엔 손님이 자주 오시는 편이다. 어느 땐 일주일 내내 손님이 끊이지 않아 그 주간에 이슬이가 코피를 흘렸다. '어린아이가 얼마나 피곤했으면' 싶어 처음으로 미안한 마음이 들었다. 그래도 변함없이 손님이 끊이지 않는다. 가끔 해외에서 선교사님이 오시면 우리 가족과 함께 주무시고 가기도 한다.

나는 사실 아이들을 배려하는 엄마는 아니었다. 아이들의 시험 기간을 염두에 둔 적도 없다. 그냥 평소 실력대로 보라 했다. 어느 날 자다가 깨 보니 이삭이가 화장실 앞에서 공부하고 있었다. 시험 기간인데 공부는 해야겠고, 방이 하나라서 불을 켜면 가족이 단잠을 못 자니까 화장실에서 새어 나오는 불빛으로 공부하고 있었다.

두 아이는 고학년이 될수록 성적이 최우수가 되었다. 그러나 나는 아이들의 밝은 성품에 더 큰 점수를 주고 싶었다. 비록 방 하나, 화장실 하나가 전부였지만 그것이 웰빙이 될 줄은 몰랐다. 아이들은 그 속에서 기다림과 양보를 배웠고 '함께'라는 말의 의미를 삶으로 배워 가고 있었다.

이삭이와 이슬이는 베트남, 남아공, 캄보디아, 아프리카의 어린이들을 후원하고 있다. 그러면서 이슬이는 아직 후원자를 만나지 못한 아이들을 보며 눈물짓는다. 그 아이의 눈과 마음엔 긍휼함이 있다.

우리 집엔 TV가 없고 아이들은 휴대폰이 없다. 그 대신 아이들의 손에 책이 들려 있다. 이슬이는 놀라우리만큼 많은 양의 책을 읽었고, 이삭이는 성경을 여러 번 완독했다. 아이들은 학교에서 수업이 끝나면 학원 가느라 바쁜 친구들 대신 교실 청소를 하고 학교 도서관으로 향했다. 학원을 다니지 않으니 늘 시간이 충분했던 것이다. 도서관 선생님은 이삭이가 졸업한 지 3년이나 지났는데도 요즘도 가끔 이슬이를 보면 이삭이의 안부를 물어보신다.

아이들은 담임 선생님을 항상 신뢰했다. 선생님 말씀이라면 하늘처럼 알고 순종했다. 그러자 선생님이 아이들을 사랑하는 것은 물론이고, 어느 땐 자신의 힘든 마음을 털어놓기까지 하셨다. 선생님이 아이들에게 상담을 하신 것이다. 아이들은 선생님의 단점에 대해서는 아빠, 엄마에게조차 침묵으로 일관했다. 혹시라도 담임 선생님의 이미지가 흐려질까 염려할 만큼 속 깊은 모습을 보여 주었다. "악은 어떤 모양이라도 버리라"(살전 5:22)라는 성경 말씀을 인용하며 누군가에게 보고 들은 나쁜 행동과 말에 관해서도 흉내 내는 것조차 꺼려했다.

아직은 성장해 가는 중이기에 아이들에 대해 단정적으로 이야기할 단계는 아니지만, 나는 나중에 드러난 결과로만, 가령 최고의 학벌이나 직업으로 우리 아이들이 성공했다고 말하고 싶지 않다. 오히려 자라가는 과정 속에서 아이들이 어떤 심성과 태도로 이 세상을 살아가는지를 지켜보며 격려하는 엄마가 되고 싶다.

부모에게 자식은 어떤 존재인가? 얼마나 소중하면 "눈에 넣어도 안 아프다"고 표현할까.

　'우리가 배워 가는 것들, 우리가 삶 속에서 배워야 할 것은 무엇일까?' 생각해 보다가 가까이에 있는 우리 아이들의 마음을 배워야겠다고 깨달은 오늘이다. 그런데 아… 어느새 글이 이렇게 길어진 것인가.

　어느 날 밤에 자려고 누워 있다가 갑자기 일어나 누가 불러 주는 내용을 받아쓰듯 단숨에 적어 내려간 글이다. 아이들이 한창 사춘기에 접어드는 시기였는데 세월이 빠르다. 이삭이와 이슬이는 20대 청년이 되었다. 나는 요즘도 아이들과 대화하는 중에 많은 것을 배운다. 우리는 주로 식사 시간과 가정예배 때 이야기를 많이 나누었는데, 긴 시간은 아니어도 매일 함께하는 시간을 통해 아이들이 옳고 그름을 분별하고 성경적 세계관을 갖게 된 것 같다.

　성경으로 세상을 바라보는 관점은 매우 중요하지만 단번에 길러지지 않는다. 말씀에 액면 그대로 순종하는 과정이 필요하다. 순종 훈련은 자아를 부인하는 과정이어서 내면의 싸움이 치열하지만, 결국 진리의 말씀은 아이들을 배우고 확신한 삶으로 인도한다. 나는 이따금 지인들에게 자녀 양육에 대한 질문을 받곤 하는데, 그럴 때마다 들려줄 수 있는 답은 한 가지였다. 정답은 가정예배다.

대를 잇는 신앙 교육

"여호와의 인자하심은 자기를 경외하는 자에게 영원부터 영원까지 이르며 그의 의는 자손의 자손에게 이르리니"(시 103:17).

가정예배는 단순히 좋은 습관을 기르는 자리가 아니다. 수천 대까지 은혜를 베푸시는 하나님의 사랑이 이어지는 자리다. 개인의 신앙이 아무리 출중하다 해도 믿음의 대를 잇지 않으면 하나님의 사랑이 흘러갈 수 없는데, 가정예배는 그 사랑의 연결 통로다.

마태복음은 예수님의 족보로 시작된다.

"아브라함과 다윗의 자손 예수 그리스도의 계보라"(마 1:1).

아브라함에게서 시작된 믿음의 계보가 어떻게 이어졌는지를 보여 준다. 요즘은 믿음을 잇는 가정을 찾아보기가 어려워서인지 무려 4,000년에 걸쳐 이어지는 이스라엘의 역사가 기적처럼 여겨진다.

가정예배는 대단한 기적의 사람을 만드는 자리도 아니다. 십자가 복음을 믿고 말씀에 순종하는 사람이 되게 하는 자리다. 이해가 되지 않는 말씀에도 말이다. 죽으라면 죽는 시늉이라도 하는 것이 아니라 정말 죽을 준비를 하는 사람이 되게 하는 자리다. 이삭은 아버지 아브라함이 자신을 묶어 제단에 눕히고 칼을 들었을 때 왜 그 자리를 피하지 않았을까? 그는 분명 아버지의 눈을 보고 있었을 것이다. 아버지의 떨리는 눈동자 속에 아들을 향한 사랑이 자리하고 있음을 보았을 것이다.

무엇이 우리로 순종하게 하는가? 그것은 아버지의 사랑이다. 나를 위해 자신의 생명을 내어 주신 하나님 아버지의 사랑을 아는 사람은 순종하지 않을 수 없다. 아브라함은 하나님께 순종했고, 이삭은 아브라함에게 순종했다. 가정예배는 순종의 사람을 키우는 자리다.

"가서 모든 민족을 제자로 삼아"(마 28:19)라는 예수님의 말씀에서 '모든 민족'에는 타인뿐 아니라 자녀들도 포함되어 있다. 그러므로 하나님의 은혜와 사랑이 부모의 대에서 끊어지지 않고 지속적으로 자녀 세대에게 흘러가게 하려면 가정예배를 멈추지 말아야 한다.

특별히 말씀을 대하는 태도는 하나님을 대하는 태도와 동일하다는 사실을 가정예배 때 확실하게 가르쳐야 한다. 말씀은 글자가 아니라 생명이며, 각자에게 생명이 되지 않은 성경 읽기는 일반 책 읽기와 다를 바 없다는 사실을 알려 주어야 한다.

이삭이와 이슬이는 20대에 접어들면서 말씀에 대한 태도가 많이 달라졌다. 어느 날 예배 시간에 히브리서를 읽던 아이들이 두 눈을 크게 뜨며 말했다.

"와, 무섭다. 말씀 앞에서는 숨길 수 없고 다 드러난다는 거잖아요. 마지막에 하나님이 모두 결산하신다는 뜻이잖아요."

"하나님의 말씀은 살아 있고 활력이 있어 좌우에 날 선 어떤 검보다도 예리하여 혼과 영과 및 관절과 골수를 찔러 쪼개기까지 하며 또 마음의 생각과 뜻을 판단하나니 지으신 것이 하나도 그 앞에 나타나지 않음이 없고 우리의 결산을 받으실 이의 눈앞에 만물이 벌거벗은 것같이 드러나느니라"(히 4:12-13).

익히 알던 구절인데 읽고 또 읽다 보면 말씀이 생명이 된다. '활자체'가 아닌 '활력체'가 된다. 하나님을 경외하는 것은 하나님을 사랑하는 만큼 하나님을 두려워할 줄 아는 것이다. 하나님이 싫어하시는 일은 절대로 하지 않고, 하나님이 기뻐하시는 일에는 생명을 거는 것이다. 그러나 이러한 믿음의 삶은 하루아침에 이루어지지 않는다. 순종의 제사인 가정예배를 통해서 훈련되며, 그것이 대를 잇는 신앙으로 이어진다.

●●●● 충분히 사랑했는가?

나는 외가로부터 믿음을 물려받았다. 일제강점기와 한국전쟁을 겪은 외할아버지와 외할머니는 순교를 각오하면서까지 믿음을 지키셨고, 그 믿음이 친정 엄마에게로, 엄마의 믿음이 나에게로, 나의 믿음이 자녀들에게 전해지고 있다.

그런데 부끄러운 고백이지만 나의 믿음에는 심각한 문제가 있었다. 믿음과 삶이 물과 기름처럼 분리되어 겉돌았다.

"아빠, 지옥 말예요, 저는 지옥이 오빠를 위해 있다고 믿어요."

친정아버지에게 내가 건넸던 말이다. 함께 둘러앉은 가족들이 일제히 나를 바라봤지만 나는 태연히 그 말을 반복했다. 오빠가 왜 싫으냐고 누가 묻는다면 100가지도 넘는 이유를 댈 수 있을 만큼 싫었다. 나는 3년간 엄마의 추도식에도 참석하지 않을 만큼 오빠에 대한 미움을 마음에 품고 살았다.

그런데 어느 날 충격적인 설교 말씀을 들었다. 우리가 누군가를 사랑하지 못하고 좌절감을 느끼는 이유는 함께하시는 예수님을 보지 못하기 때문이라는 말씀이었다. 날마다 예배의 자리에 나가는 내가 예수님을 보지 못하고 있다니, 앞뒤가 맞지 않는, 도저히 인정할 수 없는 말씀이었다.

"그들의 목구멍은 열린 무덤이요 그 혀로는 속임을 일삼으며 그 입술에는 독사의 독이 있고"(롬 3:13).

"빛 가운데 있다 하면서 그 형제를 미워하는 자는 지금까지 어둠에 있는 자요 … 그의 형제를 미워하는 자는 어둠에 있고 또 어둠에 행하며 갈 곳을 알지 못하나니 이는 그 어둠이 그의 눈을 멀게 하였음이라"(요일 2:9, 11).

인정하고 싶지 않았지만 말씀은 거울로 비추듯 나를 보여 주었다. 열린 무덤처럼 독을 품고 살면서도 나는 가정예배를 드리고 있었다. 그 예배를 하나님이 받으셨을까? 주님은 미움과 증오, 거짓과 교만을 잘 포장해서 간직하고 있는 내 모습을 직면하게 하셨다. 괴로웠지만 내 마음은 쉽게 돌이켜지지 않았다. 가까이서 나를 지켜보던 남편이 나직한 소리로 말했다.

"여보, 나중에 우리가 예수님 앞에 서면 주님은 우리에게 가장 먼저 무얼 물어보실까? 세상에 사는 동안 사람들의 옳고 그름을 얼마나 잘 분별하고 왔냐고 물으실까? 아니면 충분히 사랑했는가를 물어보실까? 내 생각에 예수님은 우리에게 얼마나 사랑했는지를 물어보실 것 같아. 믿음, 소망, 사랑, 그중에 제일은 사랑이라고 하셨잖아. 그러니까 제일 중요한 걸 먼저 물으시지 않을까? 사람들은 예수님의 참 제자가 되고 싶다고 자주 말하는데 그것도 아주 단순해. 사랑하면 되거든. 주님이 그러셨잖아. '너희가 서로 사랑하면 이로써 모든 사람이 너희가 내 제자인 줄 알리라'(요 13:35). 여보, 우리는 항상 흔들릴 수밖에 없어. 마음을 나타내는 하트를 봐. 밑이 뾰족해서 항상 좌우로 흔들흔들하잖아. 그래서 사랑의 시작은 내 마음이 아니야. 하나님이 사랑의 시작이시고 사랑의 마침이시지. 하나님은 사랑이시고 예수님은 길이라고 하셨잖아. 그래서 사랑하면 길이 열리는 거야. 사랑하면 돼. 사랑하면…."

나는 오빠에게 전화를 걸었다. 미움과 증오로 묶어 두었던 기나긴 시간을 푸는 데는 오랜 시간이 걸리지 않았다. 고민할 것도, 복잡할 것도 없었다. 미안하다, 잘못했다 두 마디로 충분했다.

•••• 사랑하며 용서하며

아빠가 방 안에 앉아 바늘에 실을 꿰고 계셨다. 돋보기를 쓰고도 어두운지 자꾸 헛손질을 하셨다. 와이셔츠 단추가 떨어졌던 것이다. 열린 방 문 사이로 아빠의 모습을 지켜보던 나는 안으로 들어가 아무 말 없이 바늘에 실을 꿰어 드리고 다시 나와 하던 설거지를 마저 했다. 아빠는 한참 만에 바느질을 끝내고 주방의 음식물 쓰레기를 들고 밖으로 나가셨다.

아빠는 그런 분이 아니셨다. 손수 바느질을 하는 사람도, 음식물 쓰레기를 비우는 사람도, 설거지나 청소를 도와주는 분도 아니셨다. 엄마가 돌아가신 후 변하셨다. 그런 아빠에게 나는 가시 같은 말을 참 많이 했다.

"엄마 살아 계실 때 진작 그렇게 좀 해 주지."

아빠 앞에서 나는 언제나 꽃의 가시처럼 변했다. 그런 내 모습이 나도 싫은데 잘 고쳐지지가 않았다. 눈 감고 기도하면 잘할 수 있을 것 같은데 눈 뜨고 바라보면 어려운 일이 되곤 했다. 사랑하는 일이 정말 쉽지 않았다. 바느질을 하시던 아빠의 모습이 오래도록 내 마음을 콕콕 찔렀다. 바늘에 실만 꿰어 드린 것이 못내 마음에 걸렸다. 다음에는 단추도 달아 드려야겠다고 다짐했다. 아빠를 향한 사랑도 단추와 함께 마음 한복판에 달아 드려야겠다고 생각했다. 튼튼한 실로 꼼꼼하게 다시 달아야겠다고….

그런데 아빠가 갑작스레 건강이 나빠져 언니 집으로 가시게 되었다.

"소영아, 아빠가 이제 가야 할 때가 된 것 같아서 인사하려고 전화했어. 사랑하며 용서하며 잘 살아. 딸, 아빠가 많이 미안해. 안녕…."

'안녕'이라는 말에서 흐느끼셨는데, 그렇게 인사하고 열흘 만에 아빠는 천국으로 가셨다. 아빠는 투병하시는 동안 병원을 의지하시지 않았다. 수술도 받지 않고, 링거도 꽂지 않고 가족과 함께 시간을 보내셨고, 엄마처럼 아빠도 대학병원에 시신을 기증하셔서 우리가 할 일은 없었다. 빈소엔 3일 동안 찬송 소리만 가득했다.

"아빠, 천국 문 앞까지 갔다가 다시 돌아오시면 안 돼요. 얼른 예수님께 달려가세요."

임종을 지킨 언니는 아빠와의 마지막을 그렇게 이야기해 주었다. 죽음이 생명이 되고, 슬픔이 기쁨이 되는 천국의 비밀을 누리며 우리는 아빠의 영정사진 앞에서 처음으로 가족사진을 찍었다. 아빠가 좋아하시던 강아지도 함께 찍었다. 검정색 상복을 입었지만 표정은 모두 해처럼 밝아 잔칫집을 연상하는 사진이 나왔다. 남은 가족들은 함께 예배하며 감사 제목을 나누었다.

돌아보니 아빠, 엄마는 약속이라도 하신 것처럼 같은 유언을 하셨고, 믿음을 유산으로 남겨 주셨다. 용서하지 못할 사람도, 사랑하지 못할 사람도 없음을 알려 주고 가셨다. 남은 우리가 해야 할 일은 사랑하며 용서하며 더욱 믿음으로 살아가는 일임을 깨달았다. 나는 아빠의 영정사진 앞에서 살아 계실 때 말씀드리지 못한, 뒤늦은 감사의 마음을 전했다.

"아빠, 저에게 장미꽃을 선물해 주셔서 감사해요. 아파트 화단에서 꺾어 왔다고 짜증을 냈지만 사실 속으로는 웃음이 났어요. 딸을 위해 용기를 내신 아빠의 사랑에 감사해요. 저는 요즘도 아파트 화단에 핀 장미를 볼 때마다 아빠가 생각나요. 아빠는 저에게 빨간 장미를 주셨는데 저는 아빠에게 흰 국화를 드리네요.

멋 부린다고 화내서 죄송해요. 아빠는 정말 멋쟁이셨어요. 어딜 가도 격식을 갖출 줄 아시고 스타일이 멋있었던 아빠가 저도 싫지는 않았어요. 엄마가 돌아가신 후에도 깨끗하고 단정한 모습으로 자기 관리를 잘해 주셔서 감사해요.

저는 아빠에게 화를 낸 기억밖에 없네요. 뇌졸중으로 입원하셨을 때도 왜 쓰러졌냐며 소리쳐서 죄송해요. 그래도 아무 말씀 안 하시고, 제 결혼식 때 병원에서 외출증 끊고 나와 손을 잡고 입장해 주셔서 감사해요.

식사하실 때마다 입 주변에 밥풀이 붙는다고 화내서 죄송해요. 감각이 없어서 그런 걸 알면서도 왜 그렇게 화를 냈는지 모르겠어요. 제가 만든 음식은 다 맛있다며 드셔 주셔서 감사하고, 이삭이와 이슬이에게 최고의 할아버지가 되어 주셔서 감사해요.

결혼을 앞둔 저에게 적어 주신 글을 지금도 보관하고 있어요.

감사해요, 아빠."

사랑스러운 내 딸아!
너의 남편감으로는 정직한 사람을 구하고
그의 정직함이 계속 유지 되도록 해주어라.
편히 살 수 있을만큼 부유한가 하는것이
중요한것이 아니다.
어떠한 다른 여건보다도 존경할만한
道德的인 性品을 높이 사길 바란다.
아빠가
1983. 6. 17. o 쏨

•••• 아들과 싸움

"거기 안 서? 너 지금 나가면 들어올 생각 마."

내 말을 무시한 채 아들이 집을 나갔다. 평소 울지 않던 아이가 평평 울면서…. 사소한 일로 오해가 불거져 생긴 일이었다. 그래서 그 길로 나도 집을 나섰다. 수산 시장을 한 바퀴 돌면서 구경을 했더니 기분이 좀 나아졌다. 오랜만에 갈치도 몇 마리 사고, 꽃게도 사서 집에 들어갔더니 아들도 들어와 자고 있었다. 마음을 가다듬고 조용히 저녁을 준비했다. 그날은 저녁 식탁도 조용했다. 다들 아무 말 없이 밥만 먹었다. 그런데 음식이 너무 맛있었던 걸까? 비싼 갈치 조림을 싹싹 해치우고 아들은 기숙사로 들어갔다.

나는 간식을 몇 가지 챙겨 기숙사로 찾아가 아이를 만나 잠깐 이야기를 나눴다.

"낮에 어디 갔었니?"

"그냥 발길 닿는 대로 걸었는데 한참 걷다 보니 무덤이 나오더라고요. 거기 양지 바른 곳에 앉아 가만히 생각하는데 '어? 내가 왜 여기 있지?' 이런 생각이 들어서 마음 추스르고 집으로 왔어요."

"다음에도 또 그렇게 할 거야?"

"아뇨, 이젠 그런 일이 없어야겠죠. 우와~ 근데 엄마, 이게 다 뭐예요? 웬 간식을 진수성찬으로 차려 왔어요?"

"많이 먹으라고, 많이 먹어. 미운 아이 떡 하나 더 준다잖아."

"아하하하, 맛있다."

싹싹 비운 그릇을 들고 돌아오는데 밤바람이 차가웠다. 내 마음도 시린 건지, 아린 건지 좀 싸한 기분이 들었다. 이삭이는 나를 많이 닮았다. 자고 나면 지나간 일을 잘 기억하지 못한다. 아무리 속상해도 밥을 잘 먹는다. 그래서 건강하다. 나도 오래 고민하지 않는다. 그래서 그런 걸까? 건강검진에서 내장 지방이 제로로 나왔다. 스트레스가 없어서 그런 거라고 한다. 내가 고상하게 낭만적으로만 사는 줄 알고 있는 분들이 많아서 아들과 싸운 이야기를 꺼내 봤다.

가정예배를 드린다고 해서 가족들이 항상 단란하고 화목하지는 않다. 세상 어디에도 갈등이 없는 청정 지역은 없다. 그런데 우리 집은 갈등을 오래 묵히지 않는 편이다. 마음에 난 상처에도 골든타임이 있기 때문이다. 상처받은 시간을 길게 끌수록 치유되는 시간도 늘어난다. 성경이 말하는 갈등 해결의 골든타임은 해가 지기 전이다.

"분을 내어도 죄를 짓지 말며 해가 지도록 분을 품지 말고 마귀에게 틈을 주지 말라"(엡 4:26-27).

갈등을 다음 날로 넘기지 말라는 뜻이다. 그러므로 가족 간의 다툼과 분쟁을 해결하는 해법은 역시나 날마다 드리는 가정예배에 있다. 어느 부부는 아무리 화가 나고 힘들어도 가정예배는 반드시 드리기로 신혼 초에 약속했다고 한다. 그들은 해가 지도록 분을 품는 것이 마귀에게 틈을 주는 것임을 알고 있었다. 마귀에게 틈을 내어 주면 몸과 마음이 상한다. 가족들의 영과 육이 건강하기를 바란다면 가정예배를 쉬지 말자.

•••• 특별한 결정

이슬이는 중3 겨울방학이 끝날 즈음 특별한 결정을 내렸다. 고등학교 진학을 포기하기로 했다. 가던 길을 잠깐 멈춘 것이다. 나는 아이에게 초등 6년, 중등 3년까지 학교를 9년이나 다녔으니 10년째는 잠시 쉬면서 다음 진로를 생각해 보자고 했다. 주변에서 우려의 눈빛을 보냈지만 우리는 학교에만 배움의 길이 있다고 생각하지 않았다.

현모양처(賢母良妻)가 꿈이라는 이슬이는 가장 먼저 집안일에 관심을 보였다. 설거지와 청소, 정리정돈과 분리수거를 돕기 시작했다. 능숙하진 않아도 집안일을 하는 모습에서 현모양처의 조짐이 보이기 시작했다. 자식이 없으니 '현모'가 아니고 남편이 없으니 '양처'도 아니었지만, 아이가 현모양처를 준비한다 하니 엄마로서 사뭇 긴장이 됐다. 우선은 곁에 있는 나를 보고 배울 게 분명했으니까 말이다.

현모양처는 '인자하고 어진 어머니이자 착하고 좋은 아내'라는 뜻인데, 많은 여성이 현모양처보다는 전문직에 종사하며 독립적으로 살기 원하는 이 시대에 이슬이의 꿈이 반갑고도 고마웠다. 나는 아이에게 '살림'의 의미를 설명했다. 살림은 설거지와 빨래하기 등 집안일을 넘어 '살리다'의 명사형이라고 가르쳐 주었다. 밖에서 인정받는 전문인이 되기 전에 가정에서 '살리는 삶을 살아내는 것'이 우선이라고 알려 주었다.

아이는 집안일을 찬찬히 배우면서 한동안은 도서관을 벗 삼아 책 읽기에 몰입했다. 그러나 독서가 모든 필요를 채워 주지는 못했다. 이슬이에게 절실한 필요는 친구였다. 한창 친구들과 어울려 지낼 시기인데 교실 밖에서는 또래 친구들을 만나기가 쉽지 않았다. 친구들을 그리워하는 이슬이를 바라보며 달리 도울 방법이 없어 안타까웠다. 그러던 중 아이디어 하나가 반짝 떠올랐다. 이슬이가 친구들을 만날 수 있는 좋은 길이라는 생각이 들었다. 나는 당장 가족들에게 달려가 의견을 물었다. 이슬이는 물론 가족들도 동의하며 '굿 아이디어'라고 칭찬했다.

이슬이를 학교 매점에 취직시켰다. 친구들을 그리워하는 아이에게 전교생을 만날 수 있는 매점은 최고의 알바 자리였다. 아이는 매점을 비롯해 학교 곳곳에 일손이 필요할 때마다 빈틈을 메꾸며 일머리를 배워 나갔다. 동시에 검정고시를 마치고 전문학사로 사회복지학을 공부했다. 사회복지학과 실습 현장에서 다문화가정의 아이들을 만나며 인생 공부도 했다.

그러나 모든 과정이 순탄했던 것은 아니다. 계획도 없이 나선 길에서 때로 가야 할 방향이 모호하다고 느낄 때면 이슬이는 워룸으로 들어가 오랜 시간 엎드려 있었다.

그러던 어느 날 남편이 워룸에서 이슬이가 기록한 작은 메모를 발견하고는 내게 보여 주었다.

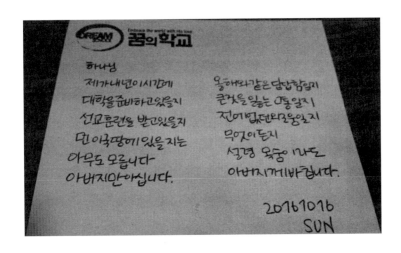

하나님
제가내년이시기에
대학을준비하고있을지
선교훈련을 받고있을지
먼이국땅에있을지는
아무도 모릅니다
아버지만아십니다.

올해와같은답답함일지
큰것을잃는 고통일지
잔어있던자유움일지
무엇이든지
성령 옥중 마는
아버지께바랍니다.

20161016
SUN

   짧은 몇 줄 글에 열일곱 소녀의 고뇌하는 마음이 고스란히 담겨 있었다. 메모를 읽는 중에 불현듯 한 사람의 얼굴이 떠올랐다. 1907년 조선에 선교사로 온 루비 켄드릭(Rudy R. Kendrick). 이슬이의 고백이 어딘지 그녀의 글과 비슷하다는 생각이 들었다. 25세 때 자신을 파송해 준 교회 청년부와 부모님께 보낸 루비 켄드릭의 편지는 내가 평소 아이들에게 자주 들려주던 예화이기도 했다.

   "만일 내게 줄 수 있는 천 개의 생명이 있다면 나는 천 개의 생명을 모두 조선을 위해 바치겠습니다."

   독실한 믿음의 가정에서 태어나 어려서부터 영혼 구원의 열정으로 가득했던 루비 켄드릭의 믿음은 하루아침에 생겨난 것이 아니었다. 가정에서 부모를 통해, 교회에서 믿음의 공동체를 통해 훈련된 것이었다. 조선에 온 지 9개월 만에 주님의 부르심을 받았지만, 그녀는 한 알의 밀알처럼 이 땅에 심겨 많은 젊은이를 선교사로 헌신하게 했다.

본받을 만한 믿음의 모델이 있다는 것은 감사한 일이다. 우리는 가정예배 시간에 한 사람의 영향력에 대해 자주 이야기를 나누었는데, 그때마다 아이들에게 선교사님들의 삶을 들려주곤 했다. 이슬이의 메모는 루비 켄드릭의 삶에서 영향을 받은 듯했다.

•••• 한 사람의 변화

어느 날 SNS 가족 대화방에 쓰레기 사진이 줄줄이 업로드되었다. 그리고 이어서 사진을 설명하는 글이 올라왔다. 이슬이가 올린 글과 사진이었다.

"어느 나라 지하철역에서 범죄가 많이 일어나 그 구역을 깨끗이 청소하고 음악을 연주했더니 향기롭고 밝은 곳으로 변했다는 글을 읽은 적이 있다. 나는 정말 한 사람의 변화가 세상을 바꿀 수 있을까 궁금하여 실험을 했다. 분리수거를 했다. 주위에 있는 박스와 비닐을 활용해서 200미터 떨어진 공공 쓰레기통을 오가며 학원 앞을 깨끗이 치웠다. 이곳도 처음부터 이러진 않았을 텐데…. 담배 한 개비, 컵 한 개. 카페 앞이라 쓰레기가 이렇게 쌓였나 보다. 힘든 담배 냄새를 맡으면서 결국 1시간 반 만에 모두 치웠다. 그리고 '향기로운 하루 되세요'라고 적은 종이를 붙였다. 그랬더니 근처에서 담배를 피우던 분들이 다른 데로 갔다. 다음 주에 이곳이 어떻게 되어 있을지…. To be continued…."

대학 편입 시험을 위해 어학원에 다니던 아이가 학원 주변을 청소하고 온 것이다. 몇 주째 쓰레기가 쌓여 있는 모습을 보다가 그 구역은 청소 담당이 없는 것 같아서 치우고 왔다며 가정예배 때 감사 나눔을 했다. 비싼 학원비를 지불했으니 열심히 공부하겠다며 아침 일찌감치 나가더니 청소가 웬 말인가 싶었다. 그것도 인산인해를 이루는 강남역에서…. 보통 용기가 아니라는 생각이 들었다.

일주일이 지났다. 학원에서 돌아온 이슬이는 즐거운 표정으로 학원 앞이 여전히 깨끗하고 향기롭다고 말하며 기뻐했다. 그날 밤, 나는 이슬이에게 물었다.

"다음 달에도 학원에 계속 다닐 거니?"

"엄마, 처음으로 학원에 가서 공부하니까 내용이 귀에 쏙쏙 들어

와요. 계속 가고는 싶은데 학원비가 생각보다 비싸서 다음 달은 어떻게 할지 고민 중이에요."

"공부가 잘될 때 열심히 하면 좋을 텐데…. 뜻이 있는 곳에 길이 있다니까 기도해 보자."

우리는 학원비에 대해 이야기하다가 잠이 들었는데, 다음 날 이슬이의 선행을 알게 된 어떤 분으로부터 뜻밖의 제안을 받았다.

"청소를 하고자 하는 사람이 종종 있고, 기쁜 마음으로 청소하는 사람도 간혹 있지만 청소 후에 '향기로운 하루 되세요'라고 적어서 일한 성과를 배가시키는 사람은 별로 없습니다. 일을 하는 것도 좋지만, 어떻게 하면 그 일의 성과를 높일 수 있을지 생각했다는 것이 기특합니다. 청소를 마치고 '향기로운 하루 되세요'라고 붙인 것에 대한 월급으로 다음 달 학원 비용은 제가 내겠습니다. 앞으로 세상을 좋아지게 하는 일을 한 달에 한 번 이상 할 경우 그달 학원비도 내 주고 싶습니다. 선한 일을 실천하는 사람이 더 많아지면 좋겠다는 생각이 듭니다. 제가 할 일을 대신해 준 것에 대한 수고비로 학원비를 받아 주면 안 될까요? 저는 무작정 도와주려는 것이 아니라 제가 하는 일을 대신해 달라는 것이고, 그만큼 제 시간을 벌어 주기 때문에 드리는 제안입니다."

전날 밤 우리 모녀의 대화를 들은 듯, 학원비 액수까지 정확히 제시해 얼마나 놀랐는지 모른다. 나는 문득 미국의 철학자 랄프 왈도 에머슨(Ralph Waldo Emerson)이 내린 성공에 대한 정의가 생각났다. 그는 사람들이 일반적으로 생각하는 것과는 조금 다르게 성공을 정의했다.

"자기가 태어나기 전보다 세상을 좀 더 살기 좋은 곳으로 만들어 놓고 떠나는 것. 자신이 한때 이곳에서 살았음으로 인해 단 한 사람의 인생이라도 행복해지는 것."

이슬이는 세상을 좋아지게 한 대가로 6개월간 학원비를 지원받았다. 결과를 바라며 한 일이 아니었는데 너무 큰 선물을 받은 것 같다며 당황한 표정을 감추지 못했다. 한 사람의 영향력은 아주 미미한 것 같지만 때로는 작은 실천이 나비효과처럼 수많은 사람에게 영향을 미치곤 한다. 이슬이가 누군가에게 영향을 받아 청소를 실천한 것처럼 말이다.

청소 에피소드는 한 번으로 끝나지 않았다. 이슬이는 얼마 후 프랑스 회사로부터 입사 제안을 받았는데, 조건은 학력이나 경력이 아니었다. 강남역 주변을 청소한 것처럼 작은 실천이면 된다고, 한 사람의 영향력으로도 세상은 충분히 아름다운 곳이 될 수 있다고, 우리는 그런 사람과 함께 일하고 싶다고 프랑스 회사 임원은 말했다.

●●●● 삼각형 안에 사는 삶

초등학생 때 성격이 활발하고 자기 표현을 잘하던 이삭이는 사춘기를 지나면서 말수가 급격히 줄어들었다. 친구들하고는 재미있게 지내는 것 같은데 웬만한 자리에서는 속마음을 드러내지 않았다. 딸은 커 갈수록 친구가 되어 가지만 아들은 커 갈수록 대화가 어렵다고, 자녀를 먼저 키운 친구가 귀띔해 준 말이 나에게도 예외는 아니었다. 가정예배를 드리며 153 나눔을 할 때도 늘 단답형으로 대답하는 아들을 보며 이만저만 답답한 것이 아니었다. 적극적인 반응을 기대했지만 재촉할 수는 없는 노릇이었다.

그런데 군대에서 제대할 무렵 이삭이가 장문의 글을 보내왔다. 자신이 묵상하고 쓴 글이 있는데 먼저 엄마에게 보여 주고 싶다며 보내 온 것이다. 늘 단문으로 답하던 아이가 웬일인가 싶어 나는 단숨에 글을 읽어 내려갔다.

"나는 '삼위일체'라는 단어를 처음 접했을 때 많은 의문을 가졌다. 세 분이지만 동시에 한 분이시라는 개념에 대해 오랜 시간 고민하다가 한 사람이 3가지 직업을 갖는 것으로 이해했다. 그런데 오늘 다시 말씀을 묵상하면서 삼위일체에 대해 좀 더 명확히 알고 깨닫게 되었다. 하나님의 사랑은 창조, 타락, 구속의 큰 틀 안에서 볼 수 있는데 이 세상을 창조하신 하나님 앞에서 우리는 죄를 지었고, 그로 인해 하나님은 우리를 구원하시기 위해 예수님을 보내셨다. 그러나 사람들은 예수님을 십자가에 못 박았고, 3일 만에 부활하신 예수님은 승천하셨다. 하나님은 다시 우리를 돕기 위해 성령님을 보내셨다. 이처럼 삼위일체는 온전한 구조를 이루고 있다. 그러므로 삼위일체 하나님을 믿는다면 우리의 삶도 이 구조와 동일해야 한다고 생각한다.

하나님을 경외하고 예배하는 삶, 예수님의 다시 오심을 바라는 삶, 나 자신이 아닌 성령으로 사는 삶. 삼위일체가 온전한 구조이듯 우리의 삶도 독립적으로 떨어진 삶이 아닌 삼위 하나님 안에서 온전해야 한다는 생각이다.

서로 다른 위치에 있는 3개의 꼭짓점은 하나의 삼각형을 이룬다. 우리가 하나님 안에 거한다는 것은 이 삼각형 안에 거하는 것이다. 믿음의 길을 걷다가 어려움이 닥칠 때 방황하는 사람은 삼각형 밖, 즉 삼위일체이신 하나님을 떠나 다른 데서 도움을 구하기 때문이다. 하지만 삼위일체 안에 거하면 믿음으로 사는 삶이 매우 쉬워진다. 나 자신이 아닌 하나님이 주체이심을 인정하고 이미 완전하게 이루신 주님 안에 거하면 되기 때문이다. 그것이 바로 믿음의 삶이라는 것을 오늘 나는 새롭게 깨달았다.

삼위일체로 오신 주님께 감사하다. 완전한 삼위일체 하나님 안에서 온전한 믿음의 삶을 살아가야겠다."

엄마는 관계 지향적이고, 아들은 목적 지향적이라고 했던가. 아들이 보내온 글을 읽으면서 그동안 괜한 걱정을 했다는 생각이 들었다. 이삭이는 자기 나름대로 고민하면서, 때로는 의심도 하면서, 그러나 진리의 테두리 안에서 청년의 때를 잘 살아가고 있었다. 말없이 믿음의 길을 걸어가는 아들에게 고마운 마음이 들었다.

••••• 특별한 여행

'가정예배 때 읽은 말씀이 지식적 동의에 그치지 않고 실제가 되게 하는 방법은 없을까?' 고민하다가 결혼 20주년이 되던 해에 남편에게 특별한 여행을 제안했다. 자녀들에게 믿음의 현장을 보여주고 싶은 마음에 우리나라 순교 유적지를 돌아보자고 했다. 남편은 흔쾌히 동의했다.

우리는 3박 4일의 일정으로 전라남도 광주에 위치한 호남신학교를 찾았다. 그곳에는 선교사님들의 묘역이 있는데 '고난의 길'이라는 계단을 지나야 묘역에 이를 수 있었다. 계단 하나하나에 새겨진 선교사님들의 이름을 밟으며 묘역으로 올라갈 때 우리는 아무 말도하지 않았다. 묘역에 도착해 선교사님들의 비문을 읽을 때도 가족들은 저마다 흩어져 있었다.

여수로 이동해 손양원 목사님의 순교기념관을 찾은 날은 봄비가 내렸다. 우리는 거기서 뜻하지 않은 분을 만났는데 손 목사님의 막내아들이신 손동일 목사님이셨다. 그분은 아버지의 본명이 손연준이라고 말씀해 주셨다. 아버지가 애양원의 나병 환자들을 사랑해서 이름마저 '양원'으로 바꾸신 것이라고 알려 주셨다. 일제 때 신사참배 강요에도 타협하지 않고, 두 아들을 죽인 사람을 사형 직전에 구해내 양자 삼고, 휘청거리는 한국 교회에 믿음의 좌표를 찍으며 순교의 길을 걸어가신 손양원 목사님. 손동일 목사님을 통해 세세히 전해 들은 그분의 이야기는 우리로 하여금 많은 생각을 하게 했다.

전라남도 영광에 위치한 야월교회와 염산교회는 전 교인이 순교한 교회다. 한국전쟁 당시 공산군이 성도들을 교회 안에 몰아넣고 출입문을 폐쇄한 뒤 불을 질러 다 같이 죽임을 당한 야월교회 성도들, 국군과 유엔군을 환영했다는 이유로 목에 큰 돌을 매고 바다에 던져진 염산교회 성도들, 피신할 수 있는 기회가 있었음에도 끝까지 성도들을 떠나지 않고 죽음을 택한 염산교회 담임 목사님의 이야기를 들었다. 염산교회 담임 목사님의 가족은 사모님과 자녀, 손녀를 포함해 여덟 식구가 순교했고, 놀랍게도 염산교회는 제1대, 제2대, 제3대 교역자가 모두 순교의 길을 걸어갔다고 한다. 앞서 간 신앙의 선배들을 보고 똑같은 믿음을 이어 간 것이다.

3박 4일 동안 다른 세상을 다녀온 것 같았다. 즐거운 순간도 있었지만 무게감이 있는 여행이었고 값진 시간이었다. 사람은 태어나서 반드시 죽는데, 늘 '어떻게 살까?'에만 집중하다가 '어떻게 죽을 것인가?'를 생각하게 되었다. 말로만 듣던 믿음의 증인들, 그분들은 죽었으나 오히려 죽음을 통해 영원한 삶의 가치를 전해 주고 있었다. 순교자들의 믿음으로 예수 그리스도를 만난 우리는 그 순교적 신앙을 어떻게 이어 가야 할지 고민하지 않을 수 없었다.

이것이 그리스도인이다

엘리자베스 셰핑(Elizabeth Shepping, 서서평 선교사)의 자료를 보고 있던 내 곁에 이슬이가 와서 말했다.

"엄마, 그분의 이야기를 쓸 거면 제목을 이렇게 붙여 보세요. '이것이 그리스도인이다.'"

순교 유적지를 다녀와 이슬이가 붙여 준 제목으로 서서평 선교사님의 삶을 간략히 요약해 보았다.

> "'내일 나 먹기 위해 오늘 굶는 사람을 못 본 척할 수 없으며 옷장에 옷을 넣어 놓고서 당장 추위에 떠는 사람을 모른 척할 수 없습니다.' 1912년 한국에 들어와 가난하고 아픈 사람들을 위해 평생을 헌신하다 영양실조로 이 땅에서 생을 마감한 서서평 선교사, 그녀가 떠나고 남은 것은 걸인에게 나눠 주고 남은 담요 반 조각과 동전 7전, 강냉이 가루 2홉이 전부였다. 그녀의 머리맡에는 이런 글귀가 적혀 있었다. 'Not success, But service'(성공이 아니라 섬김이다)."

글을 정리한 후 이슬이에게 말했다.

"이슬아, 네가 붙인 제목이 참 좋다. '이것이 그리스도인이다.' 우리도 이 제목처럼 살자."

우리는 당장 덮을 이불만 빼고 남은 이불을 정리해 보았다. 서서평 선교사님은 담요 반 조각이 전부였다는데 우리 집에는 이불

이 쌓여 있었다. 부끄러운 마음이 들어 서둘러서 집 안에 쌓여 있
는 이불을 정리해 필요한 이웃들에게로 보냈다. 요즘 이불 없는 사
람이 어디 있냐고 물을지 모르겠다. 그런데 찾아보니 그런 이웃들
이 멀지 않은 곳에 있었다. 조금만 관심을 가져도 이웃들의 필요가
보였다.

한 장 담요를 찢어 걸인에게 나눈 한 여인의 삶은 100년이 지나
서도 누군가의 추운 겨울을 따뜻하게 했다. 이웃들에게 이불을 배
달하며 선교사님의 삶을 흉내라도 낼 수 있었다는 것이 참으로 감
사했다.

•••• 하나님의 청년들

이삭이가 대학을 휴학하고 군 입대를 앞두었을 때 이슬이와 함께
단기로 선교언어훈련학교에 다녀오라고 권유했다. 오직 영어로
만 소통하는 학교였는데, 훈련 과정을 소개하는 팸플릿에 "부르
심"이라는 제목의 글이 실려 있었다.

■ "이 세상은 복음을 기다린다. 그러나 그들은 한국말이 통하지 않는다. 영어
를 할 수 있다면 바로 복음을 전할 수 있다. 여러 번의 통역을 거치지 않아도
된다. 주님은 복음을 열방에 전하기 위해 영어를 배우는 학교를 세울 것에

대해 말씀하셨다. 영어가 가장 빛나는 것은 예수 그리스도를 드러낼 때다. 복음을 입은 영어로 열방을 살리는 일에 우리를 부르셨다."

아이들이 훈련학교에 들어간 후 전해 온 첫 번째 소식은 이러했다. "불필요한 말을 안 하고 말을 절제하는 게 이 학교의 큰 장점인 것 같아요."

불필요한 말을 안 하는 것이 아니라 영어 실력이 짧아 말이 절로 절제된 것이라고 생각됐다. 영어로 성경을 읽으니까 말씀이 더욱 선명하게 와닿는다고도 했다. 하지만 기도까지 영어로 하려니 너무 답답했다고, 모국어로 부르짖는 기도가 얼마나 큰 복인가를 새삼 느꼈다고 했다.

14주간의 언어 훈련을 마치고 2주 동안 섬 전도 여행을 다녀와서는 마치 사도행전을 들려주듯 재미난 이야기를 쏟아 냈다. 로타 섬에서 풍랑을 만나고 알코올중독자를 전도한 이야기는 너무 생생해 나도 그 자리에 함께 있었던 것처럼 실감이 났다. 짧은 4개월의 시간이었지만 현장에서 언어의 장벽도 느껴 보고, 복음을 듣지 못한 사람들을 만나면서 전도에 대한 새로운 도전을 받고 온 것 같아 감사했다.

자녀들은 말로 가르칠 때보다 직접 보고 경험해야 배운다더니, 그 말이 사실이었다. 두 아이의 고백이 예전과 많이 다르다는 것을 느낄 수 있었다. 먼저 이슬이의 고백이다.

■ "엄마, 나는 젊을 때 세상에서 하고 싶은 거 다 해 보고 늙어서 힘이 약해졌을 때 주의 일을 하고 싶지는 않아요. 나의 가장 젊은 날, 가장 아름다운 날, 가장 힘 있는 날을 주님께 드리고 싶어요."

이삭이는 스스로에게 이렇게 말했다.

■ "기독교가 종교가 되지 않기를. 성공이 아니라 섬김이다. 실패와 비효율이 가득한 그리스도인의 삶을 살아라. 예배를 예배하지 말고 잘못 세워진 집은 재건축해라. 너의 초점을 주님께로 돌이켜라. 처절한 삶에 대해 절망해라. 하나님이 너를 회복시키실 것이다. 너를 향해 부르시는 아버지의 노래를 들어 보아라. 복음은 예수님으로부터 시작되는 것! 하나님을 위해 일하기보다 하나님 안에 거하는 자가 되어라. 그것이 하나님의 청년이다."

153가정예배 기본 매뉴얼

153가정예배 Q&A 20

CHAPTER

5.

●●●● 153가정예배 기본 매뉴얼

처음에는 부모가 인도하고 2-3주 훈련이 되면 자녀들이 인도할
수 있도록 기회를 준다. 가족 구성원이 돌아가며 인도하는 방법이
가장 바람직하다. 다음은 가장 기본이 되는 예배 순서이다.

1. 찬송

좋아하는 찬송을 정해서 2곡 정도 부른다. 자녀들이 좋아하는
찬양을 부르거나 돌아가며 곡을 선정하는 것도 좋다.

2. 회개 기도

성령이 생각나게 하시는 죄를 회개한다. 조용한 침묵 기도를 권
한다.

3. 성경 읽기

성경 본문과 분량을 정해서 다 같이 소리 내어 읽거나 돌아가며 한 절씩 읽고 묵상한다. 묵상한 말씀에서 얻은 깨달음은 한 사람 당 2-3분이 넘지 않게 나눈다. 같은 본문을 읽어도 깨달음이 다르기 때문에 말씀 나눔은 꼭 하기를 권한다. 서로를 비추는 거울이 된다. 요점만 정확하게 나누고 말이 길어지지 않도록 하는 것이 핵심이다. (아침에 큐티를 하는 가정은 저녁에 그 본문으로 나눔을 해도 좋다. 서로 다른 본문일 경우에는 각자가 읽은 본문에서 묵상한 내용을 나누면 된다.)

4. 감사 제목 나눔

5가지 감사 제목을 나눈다. 5가지가 안 될 수도 있고, 넘을 수도 있는데 가급적 5가지에 맞추기를 권한다. 조리 있게 말하는 훈련이 된다. 감사 나눔은 사소한 이야기도 경청하고 공감해 주는 것이 핵심이다. 경청과 공감은 상대방에 대한 수용으로 이어지고 성품의 변화를 가져온다. 다른 사람이 이야기할 때 대부분 '내 차례가 오면 나는 무슨 이야기를 할까?'에 집중하게 되는데, 경청이 우선임을 기억해야 한다. 잘 듣고 "아, 그렇구나" 하며 공감하는 모습을 보여 주는 것이 중요하다.

5. 기도 제목 나눔

3가지 기도 제목을 나눈다. 기도 제목을 통해 가족들은 서로의 마음을 헤아리고 고민도 알게 된다. 여기서도 경청과 공감이 핵심인데, 자녀들은 자신이 충분히 존중받고 있다고 느끼면 신이 나서 더 적극적으로 기도 제목을 이야기한다.

6. 기도 시간

1) 말씀 기도 : 그날 나눈 말씀을 기억하며 다 같이 소리 내어 3분 정도 기도한다. 말씀을 자신의 삶에 어떻게 적용할지 구체적으로 기도하기를 권한다.

말씀 기도의 예

● "네 짐을 여호와께 맡기라 그가 너를 붙드시고 의인의 요동함을 영원히 허락하지 아니하시리로다"(시 55:22).

　: "하나님, 시편 말씀을 통해 깨달음을 주셔서 감사합니다. 주님이 나를 붙들고 계시므로 내 짐도 주님께 속해 있음을 고백합니다. 짐이 무겁게 느껴지는 것은 제가 아직도 힘을 빼지 않았다는 증거이겠지요. 주여, 저의 마지막 힘까지도 빼게 하소서. 그리하여 나는 죽고 예수 그리스도로만 살게 하소서."

● "그러므로 사람이 선을 행할 줄 알고도 행하지 아니하면 죄니라"(약 4:17).

　: "주님, 저에게는 선(善)의 근거가 없습니다. 하나님이 선이십니다. 그러므로 선을 행한다는 것은 나의 힘으로 행하는 착한 행실을 말하는

것이 아니라 하나님을 전적으로 신뢰하는 것임을 깨닫습니다. 주님을 전적으로 신뢰하고 전적으로 순종하는 사람이 되기를 원합니다."

2) 감사 기도 : 감사 제목으로 3분 정도 소리 내어 기도한다. 감사 기도는 하나님을 향한 견고한 신뢰의 기반을 만들어 준다.

3) 중보 기도 : 자신의 기도 제목으로 먼저 기도하고, 가족들이 나눈 기도 제목으로 기도한다. 그런데 기도를 하다 보면 금방 나눈 이야기도 잘 기억이 나지 않는다. 작은 수첩을 하나씩 준비해서 가족들의 기도 제목을 기록해 기도하기를 권한다. 가족들이 언제 어떤 기도를 했는지, 하나님이 그 기도에 언제 어떤 방법으로 응답하셨는지를 나중에 확인하면 믿음이 더욱 성장한다. 중보 기도 시간에 이웃이나 친척들의 기도 제목을 공유하고 함께 기도하는 시간을 가져도 좋다.

4) 열방 기도 : 인도자가 그날의 뉴스나 세계 기도 정보를 짧게 정리해 가족들에게 읽어 주고 나라와 세계를 위해 부르짖어 기도할 수 있도록 인도한다. 지구본

이 준비되었다면 그 위에 다 같이 손을 얹고 기도
하기를 권한다. 열방 기도는 기도의 지경을 넓혀
주며 세계를 품는 믿음의 사람으로 성장하게 한다.

열방 기도의 예

"이슬람 국가 이란에서 기독교 급속히 성장"(출처 : "기도24365")

● "우리가 이 보배를 질그릇에 가졌으니 이는 심히 큰 능력은 하나
님께 있고 우리에게 있지 아니함을 알게 하려 함이라 우리가 사
방으로 욱여쌈을 당하여도 싸이지 아니하며 답답한 일을 당하여
도 낙심하지 아니하며"(고후 4:7-8).

: "하나님, 이란 정부의 제도적 핍박에도 기독교의 확산을 막을 수 없다
는 기쁜 소식을 듣게 하시니 감사합니다. 예수님을 따르기로 선택한 이
란의 성도들을 축복합니다. 교회가 폐쇄되고 징역과 벌금형을 받는 박
해 속에서도 이란 사람들이 예수 그리스도를 의지해 넉넉히 이기게 하
옵소서. 또한 욱여쌈을 당해도 싸이지 않는 성도의 신앙을 통해 그들
을 박해하는 자들에게까지 십자가 복음이 전파되게 하소서. 그리하여
오랜 시간 엄격한 이슬람 교리에 매여 고통스러워하던 모든 영혼이 하
나님의 자녀가 되는 복을 얻게 하소서. 특별히 이란의 청년들에게 주의
영을 부으셔서 현재의 고난과 비교할 수 없는 하나님 나라의 영광에 사
로잡히는 은혜를 허락해 주옵소서. 예수 생명을 가진 성도들을 통해 하
나님 나라를 유업으로 받는 이란으로 세워 가실 주님을 찬양합니다."

7. 주기도문으로 마침

모든 예배를 하나님께 올려 드리며 주기도문으로 예배를 마친다.

•••• 153가정예배 Q&A 20

1. 가정예배 시간은 몇 분 정도가 적당한가?

예배 시간이 길다고 좋은 것은 아니다. 자녀들과 즐겁게 예배하려면 처음엔 시간이 짧을수록 좋다. 153가정예배 형식으로 길게 할 수도 있고, 짧게 할 수도 있다. 상황에 따라 10분이 될 수도 있고, 30분이 될 수도 있다. 우리 집은 4인 가족 기준으로 1시간을 넘지 않는다.

윤성이 가정의 가정예배

우리 집은 예배 시간 자체는 그리 길지 않은데 말씀을 필사하는 날이 있다. 그날은 막내가 다 쓸 때까지 기다려 주느라 대체적으로 40여 분 소요되는 것 같다. 막내가 필사하는 동안, 먼저 필사를 끝낸 가족들은 이런저런 이야기를 나눈다. 아침에 큐티한 내용이나 나누고 싶은 이야기들, 궁금한 것을 서로 물어보기도 한다. 그 이야기에 막내가 필사하다 말고 자꾸 끼어들어서 시간이 더뎌지기는 하지만, 그렇게 서로 소통하는 시간이 우리에게 즐거움이 되고 있다. 그 시간을 딸이 가장 좋아한다.

남편의 퇴근이 빨라서 온 가족이 함께 예배드릴 수 있는 것도 큰 감사 제목이다. 내 마음에 안 드는 부분이 있기도 하고, 좀 바꾸었으면 하는 부분도 있는데 남편이 막내를 생각해서 참으라고 한다. 여러모로 부족함이 많지만 가정예배가 지속적으로 유지되고 있어서 감사하다.

2. 가정예배를 일주일에 몇 번 정도 드리면 좋을까?

가정예배를 매일 드리기로 결정해도 피치 못할 사정이 생기는 날이 있다. 그러다 보니 우리 집은 일주일에 평균 3-4회 정도 가정예배를 드린다. 가족들과 함께 몇 번을 드릴지 상의하고, 결정이 되면 그 시간을 잘 지킬 수 있도록 의무감을 갖게 하는 것이 좋다. 새로운 습관이 형성되는 데 걸리는 시간은 최소 3주이다. 그러므로 가정예배를 시작하면 한 달간 지속해 보기를 권한다. 습관으로 자리 잡히면 자녀들이 먼저 "153!"을 외치며 예배의 자리로 나온다.

3. 가정예배를 드리면 따로 성경 읽기를 하지 않아도 될까?

우리 집은 성경을 읽기 전에 아침 식사를 하지 않기로 기준을 정한 후("No Bible, No Breakfast") 시간 사용에 질서가 잡혔다. 말씀을 대하는 자세, 가정예배에 대한 태도도 달라졌다. 하루 15-20분 정도 시간을 정해 놓고 꾸준히 성경 읽기를 권한다. TV 시청과 인터넷 검색 시간을 절약하면 충분히 가능하다.

4. 말씀을 읽고 꼭 나눔을 해야 하나?

강제성을 띠거나 의무적일 필요는 없지만 말씀을 읽고 나서 간략하게라도 나누는 훈련은 중요하다. 나눔을 하면 서로에게 배움이 일어나기 때문이다. 성경을 읽으며 밑줄을 긋거나 미리 메모를 해 두면 짧은 시간에 일목요연하게 나눌 수 있다. 성경을 분석하거나 가르치고 훈계하려는 태도는 지양하고, 단순하게 깨달음을 나누는 것이 말씀 나눔의 핵심이다.

5. 아이들의 감사 나눔이 거의 똑같은 내용이다. 어느 때는 형식적인 것 같기도 하다. 일상적인 감사도 좋지만 자녀들의 감사 고백이 좀 더 깊어지기 위한 좋은 방법이 있을까?

부모가 먼저 그날 읽은 말씀에서 얻은 깨달음을 감사 제목으로 나누자. 가정예배는 말씀이 기준이며 핵심이다. 사소한 것일지라도 말씀에 비추어 하나님이 깨닫게 하신 죄를 고백하고, 그것이 기도로 이어지면 자녀들도 자연스럽게 훈련이 될 것이다. 예배를 꾸준히 드리다 보면 어느새 153이 하나로 통일되는 예배, 즉 말씀과 감사와 기도가 하나로 이어지는 예배를 드리게 된다.

예원이 가정의 달라진 153가정예배

● 말씀 : "자녀들아 너희 자신을 지켜 우상에게서 멀리하라"(요일 5:21).

1 (1가지 말씀 나눔)

나에게 우상은 휴대폰과 TV다. 요즘 물고기가 미끼에 낚이는 것처럼 내가 낚이는 것 같다. 연예인 기사를 읽고 여기저기 궁금한 제목을 클릭하면 그 틈으로 죄가 들어온다. 생각으로 들어오는 죄가 무섭다. 나는 요즘 아무런 저항 없이 죄의 노예가 되는 것 같다.

5 (5가지 감사 제목)

1. 예배를 드리며 말씀을 읽을 수 있어서 감사
2. '욕심'이 우상이라는 것을 깨닫게 하심 감사
3. 절제할 마음을 주셔서 감사
4. 기도할 마음을 주셔서 감사
5. 가족들에게 나눌 용기를 주셔서 감사

3 (3가지 기도 제목)

1. 남의 말은 칭찬할 때만 하겠습니다.
2. 꼭 봐야 할 TV 프로그램만 보고, 생각 없이 리모컨을 누르지 않

6. 약속한 시간에 모이는 일이 쉽지 않다. 가까스로 모여도 아이들이 장난을 치며 진지한 태도를 보이지 않는데, 그럴 땐 야단을 쳐서라도 바른 예배 태도를 가르쳐야 할까?

우리 집은 먼저 자리에 앉은 사람이 찬송을 부른다. 그러면 다른 가족들도 서둘러 나온다. 예배 시간에 모이라고 외치지 않아도 찬송 소리가 신호가 되는 것이다. 집중력이 짧은 아이들은 조용히 앉아 있는 시간을 힘들어한다. 그런데 버럭 하고 화를 내면 한바탕 야단을 맞은 아이는 예배에 대한 거부감을 갖게 된다. 장난치는 정도가 심할 경우에만 살짝 브레이크를 걸어 주면 된다. 아이들이 먼저 가정예배를 드리고 싶어 하는 경우는 거의 없다. 예배를 지속하려면 부모가 한 발짝 물러서야 한다. 예배 태도를 감시하지 않고 부모가 예배에 대한 모델이 되어 주면 된다. 앨버트 슈바이처(Albert Schweitzer)가 남긴 명언을 소개하겠다.

"아이들은 3가지 방법을 통해 배운다. 첫째, 본보기를 통해, 둘째, 본보기를 통해, 셋째, 본보기를 통해."

7. 남편이 예배에 비협조적이고 늘 대충대충 예배를 드리려고 한다. 그때마다 감정이 상해서 예배를 드리고 싶지 않다. 어떻게 하면 좋을까?

100가지 좋은 말도 상대가 받아들일 준비가 되어 있지 않으면 백해무익이다. 예배가 중요한 만큼 남편을 존중하는 태도도 중요하다고 생각한다. 남편의 기본적인 욕구는 존중받고 싶은 것인데 그 특별한 선물을 줄 사람은 아내이다. 존경하지 못해도 존중할 수는 있다. 작은 것에 의미를 부여해서 먼저 남편의 지친 어깨에 칭찬이라는 날개를 달아 주면 어떨까? 우리 집은 가족들의 생일이면 "사랑하는 이유"라는 제목으로 축하 카드를 만드는데 저비용, 고효율을 자랑한다. 투자 대비 효과가 좋다. 예를 들면 이렇다.

■ 이슬이가 아빠를 사랑하는 15가지 이유

하나님을 사랑하는 분이셔서 / 엄마랑 결혼해 주셔서 / 예수님을 알려 주셔서 / 인생 선배가 되어 주셔서 / 말이 아닌 손과 발로 섬겨 주셔서 / 인내심이 많으셔서 / 많은 사람을 옳은 길로 인도해 주셔서 / 담백하고 순수한 분이셔서 / 착하고 겸손하셔서 / 한결같으셔서 / 나를 잘 이해해 주셔서 / 혼내고 안아 주셔서 / 흔들림이 없으셔서 / 효자이시기 때문에 / 내 아빠여서

■ 이삭이가 아빠를 사랑하는 15가지 이유

낳아 주셔서 / 길러 주셔서 / 사랑해 주셔서 / 예수님을 알게 해 주셔서 / 섬

겨 주셔서 / 혼내 주셔서 / 놀아 주셔서 / 재미있으셔서 / 옳은 길로 인도해 주셔서 / 가르쳐 주셔서 / 이해해 주셔서 / 정신 줄 잡게 해 주셔서 / 축복해 주셔서 / 본이 되어 주셔서 / 내 아빠여서

■ 내가 당신을 사랑하는 20가지 이유
하나님이랑 제일 친해서 / 말씀과 기도의 사람이어서 / 자녀들을 사랑해서 / 어머니를 공경해서 / 나라와 민족을 사랑해서 / 몽골을 사랑해서 / 마음이 깊고 넓어서 / 욕심이 없어서 / 뭘 입어도 멋있는 몸매여서 / 잘 베푸는 사람이어서 / 집 안 곳곳을 잘 가꾸어서 / 그네를 만들어 줘서 / 어린이들을 사랑해서 / 동물들을 잘 보살펴서 / 화장실 변기를 잘 뚫어 주어서 / 청소, 분리 수거를 해 주어서 / 족구를 잘해서 / 온유하고 겸손해서 / 재치가 있고 재미있어서 / 나를 사랑해 주어서

삶의 기쁨은 작은 것에서 얻어지는 듯하다. 글의 내용으로 봐서는 최상의 삶을 사는 것 같지만 실은 서로를 향한 바람이다. 더욱 그렇게 살고 싶은 소망을 적어 본 것이다. 가족들과 함께 살아온 날들을 돌아보면 모두 은혜이다. 혼자서는 살아올 수 없었던 날들이다. 사랑하는 이유를 적다 보면 어느새 20가지가 훌쩍 넘는 경우도 있을 것이다. 어떤 분은 남편을 사랑하는 이유를 적다가 눈물이 터졌다고 고백했다. 그러고 보면 우리가 살아가는 이유는 사랑하기 때문이 아닐까 싶다.

8. 예배 시간에 사춘기 아들이 반응을 하지 않는다. 어떻게 하면 좋을까?

자녀들의 보이는 행동에 초점을 맞추지 말고, 가정예배를 장거리 마라톤이라고 생각해 보자. 일단 가정예배에 아들이 와서 앉아 주기만 하면 성공이다. 반응 없이 듣기만 해도 칭찬하자. 믿음은 들음에서 나기 때문이다. 사춘기는 한때이다. 그 시기가 지나면 아들이 즐거이 반응하는 모습을 보게 될 것이다. 우리 집도 마찬가지였다. 153가정예배는 가족들이 많이 웃는 자리이다. 무뚝뚝한 자녀를 향해 먼저 웃어 주라. 사춘기 때 많이 웃어야 그 시간이 빠르게, 아무도 모르게 지나간다.

9. 딸아이가 주일에 교회 가서 예배드리는데 왜 굳이 가정예배를 드려야 하는지 묻는다. 뭐라고 대답해야 할까?

그럴 때는 억지로 예배 자리에 앉히기보다 먼저 예배할 마음을 심어 주는 것이 중요하다. 일주일이 168시간인데 자녀들은 주일에 1시간만 교회에서 예배를 드린다. 주일예배는 특식이고, 가정예배는 일반식이라고 이야기해 보면 어떨까? 아무리 영양가 높은 특별한 음식을 먹는다 해도 일주일에 식사를 한 번 하는 사람은 없다. 몸의 건강이 중요한 만큼 영적인 상태도 중요하다는 것을 자녀도 알고 있을 것이다. 자연스럽게 가정예배의 중요성에 대해 이야기해 주면 좋겠다.

10. 자녀들이 수능을 앞두고 있거나 시험 기간일 때 가정예배를 드리는 것을 부담스러워한다. 예배가 우선이라고 강조하긴 하는데 아이들의 반응을 보면 고민이 된다.

예배를 짐스러워하는 자녀들에게 계속해서 강조하면 억압으로 느껴져 반항심이 생기거나 부모와의 관계가 나빠질 수 있다. 시험 기간에는 지혜롭게 조율하면 좋겠다. 하지만 어떤 선택의 순간이 올 때 최종적으로는 믿음의 길을 걸을 수 있도록 가정에서 꾸준히 말씀으로 신앙을 교육하는 일에 중점을 두기를 권한다. 부모가 무엇에 최고의 가치를 두는지 정확히 알려 주고 선택은 스스로 할 수 있도록 자녀들에게 맡기라. 자녀들의 믿음은 그런 과정을 통해 한 단계 성장한다.

11. 여러 가지 이유로 가족들이 떨어져 살고 있다. 매일 가정예배를 드리는 가정이 부러운데, 떨어져 사는 가정에 맞는 가정예배 방법이 있을까?

떨어져 있어도 얼마든지 가정예배를 드릴 수 있다. 학교에서 근무할 때 원어민 영어 선생님이 미국에 계신 부모님과 온라인으로 성경 공부 하는 모습을 보았다. 시차가 많이 나는데도 시간을 정해 예배하는 모습을 보면서 큰 감동을 받았다. 나 역시 병원에 입원했을 때 혼자 예배하고 SNS 가족 대화방에 그날의 153을 올렸다. 요즘 해외에 있는 졸업생들과 온라인으로 153 나눔을 하는데, 제자들이 보내오는 글을 읽을 때마다 감동을

받는다. 어떤 친구는 유명한 과자 CM송에 '153'을 넣어 부르기
도 했다.

"언제든지 153! 어디서나 153! 누구든지 153! 153가정예배!"

12. 꼭 예배를 함께 드려야 하나? 각자의 자리에서 예배하면 안 될까?

1995년 미국 매사추세츠주에서 쌍둥이 미숙아가 태어났는데,
그중 한 명이 위독하다는 진단을 받았다. 그러자 아기를 돌보던
간호사가 두 아이를 같은 인큐베이터에 눕혀 보자는 제안을 했
다. 의료진은 규정에 어긋난다며 허락하지 않았지만 간호사의
끈질긴 요청으로 결국 같은 인큐베이터에 두 아이를 눕히게 되
었다. 그런데 놀랍게도 불안정했던 아기의 심장 박동이 정상적
으로 돌아오면서 생명이 회복되는 기적이 일어났다. 이것이 함
께하는 힘이다.

V자로 떼를 지어 날아가는 기러기도 혼자 날아가는 것보다
는 함께 날아갈 때 더 먼 거리를 날아갈 수 있다고 한다. 앞서
가는 기러기의 날갯짓이 뒤따르는 새들에게 상승기류(uplifting
power)로 작용하는 것이다. 하나님은 우리를 하나님께 속하게
하시고, 또한 서로에게 속하게 만드셨다. 사람들은 공동체 안에
서 소속감을 느끼고 성장해 간다. 특별히 가족은 다른 어떤 모임
보다 근본적인 소속감을 갖게 하는 공동체이며, 가정예배는 그
소속감을 높이는 최고의 자리이다. 단둘이라도 모여서 예배를
드리자.

13. 가족들과 함께 온라인으로 예배를 드리거나 좋은 말씀을 들으면 그것도 가정예배가 되지 않을까?

예배를 시청하는 것과 예배를 드리는 것은 다르다고 생각한다. 온라인 예배는 편리하다는 장점이 있지만 자칫 영적으로 나태해질 수 있다. 믿음의 삶은 편리를 추구하는 삶이 아니다. 우리 민족이 고난은 잘 극복했으나 풍요와 안락의 문턱은 넘지 못한 것 같아 안타까울 때가 많다. 오히려 모든 면에서 열악하고 핍박이 심하던 초기 한국 교회 시절보다 지금이 믿음을 지키기가 더 어려운 시대가 아닌가 싶다. 마지막 때를 살아가는 그리스도인으로서 하나님 앞에 어떤 예배자로 서야 하는지 깊이 고민해 보기를 바란다.

14. 예배 시간에 질문을 많이 하는 아이에게는 어떻게 해야 할까? 바로 답해 줄 수 없는 부분도 있고, 답해 주다 보면 예배가 다른 길로 샐 때가 종종 있어 고민스럽다.

질문한다는 것은 생각하고 있다는 증거이다. 자녀를 믿음의 사람으로 성장하게 하려면 부모가 영적인 멘토 역할을 해 주어야 한다. 아이들이 예배 시간에 믿음에 관한 질문을 할 때 즉각적으로 답할 수도 있고, 추가적인 정보가 필요할 수도 있다. 질문에 당황하거나 귀찮아하지 말고 모르는 부분은 예배 후에 함께 생각해 보자고 이야기하면 어떨까?

자녀들은 성장하면서 많은 지식과 메시지를 접하는데, 그 속에서 하나님의 진리와 세상이 말하는 것을 분별하기가 쉽지 않다. 가정예배 때 받은 질문을 가지고 잠자리에 누워 편안하게 이야기를 나누어도 좋다. 유대인의 '안식일 식탁'이라 불리는 '밥상머리 교육'과 '베드 스토리'(bed story)라고 불리는 '베갯머리 교육'은 수천 년 동안 믿음의 대를 잇는 결정적인 역할을 해 왔다. 유대인이 다수의 노벨상을 수상하고 세계에 영향력을 미치는 민족이 된 것은 우연이 아니다. 자녀들의 돌발 질문도 사사로이 여기지 말고 잘 답해 주기를 권한다.

15. 예배를 드리면서 아이들에게 알려 주고 싶은 것이 많다. 무엇보다 혼란스러운 시대를 살아가는 자녀들에게 성경적 세계관을 심어 주고 싶은데 좋은 자료가 없을까?

성경적 세계관을 심어 주는 최고의 자료는 성경이다. 153가정예배 기본 매뉴얼만 잘 따라 해도 자녀들이 성경적 세계관을 갖게 된다. 또한 세계관 교육은 내가 생각한 바를 가르치는 것이 아니라 아이들이 스스로 생각할 수 있는 힘을 길러 주는 것이다. 153가정예배를 통해 말씀으로 훈련되면 아이들은 생각하는 힘뿐만 아니라 영적인 기초 체력을 갖게 되는데, 그때는 대화의 폭을 조금씩 넓혀도 좋다. "요가 열풍"이라는 주제로 우리 집 아이들과 대화하고 정리한 글을 소개하겠다.

< 요가 열풍 >

요가는 단순한 운동이나 다이어트가 아니다. 힌두교의 선교 전략에서 나온 것으로, 그것은 몸으로 하는 힌두교식 기도다. 요가는 '결합시키다'라는 뜻을 가지고 있으며, '결합'이란 자연과 인간의 결합을 의미한다.

"자연의 일부가 되세요." "우주 만물의 기가 몸으로 들어옵니다." "자신의 깊은 내면과 대화하세요."

언뜻 듣기에 모두 좋은 말들이다. 그러나 이것은 웰빙 열풍을 타고 우리 삶에 자연스럽게 등장한 이방 종교다. 단순히 몸에 좋은 동작과 호흡법만 배우면 된다고들 하지만 그 말은 "나는 힌두교는 안 믿지만 기도는 해 보겠다"라는 것과 같다. 요가나 뇌 호흡 동작을 연습하다 보면 어느새 그 안에 담긴 사상에 자신도 모르게 젖어드는 것이다. 사탄은 자주 광명의 천사를 가장한다. 일종의 건전 문화라는 이름으로 들어와 우리를 미혹하고 자리를 만들어 간다. 그러므로 하나님의 말씀과 기도로 세상을 잘 분별하며 나아가야 한다.

동양 철학은 '비움'을 내세워 명상을 통해 내면을 비우라고 제법 그럴싸하게 우리를 유혹한다. 그러나 기독교의 정신은 '채움'이다. 매 순간 말씀으로 채우고 기도로 무장하지 않으면 세상의 혼잡한 사상들이 우리의 내면에 들어온다. 모든 지킬 만한 것 중에 더욱 마음을 지켜야 한다(잠 4:23). 정신 바짝 차리고 예수님을 붙들어야 한다. 그래야만 문화라는 이름으로 포장된 웰빙 열풍, 요가 열풍에 휩쓸리지 않고 분별력 있는 그리스도인의 삶을 살아갈 수 있다.

"너희는 이 세대를 본받지 말고 오직 마음을 새롭게 함으로 변화를 받아 하나님의 선하시고 기뻐하시고 온전하신 뜻이 무엇인지 분별하도록 하라"
(롬 12:2).

16. 가정예배 때 아이들의 나눔을 들으며 감동받을 때가 많은데 시간 이 지나고 나면 기억이 희미해진다. 가족들의 나눔을 기록하는 것 이 좋을까?

개인적으로, 평소 기록하는 습관이 있어서 어떤 모임을 해도 메모를 한다. 가정예배 때는 컴퓨터에 그날의 153을 기록한다. 그러다 보니 가정예배가 연도별 파일로 저장되어 있다. 예를 들면, '2020년 153가정예배' 같은 식이다. 가족들의 대화는 구어체를 그대로 살려서 적는데, 시간이 지난 후에 읽으면 재미있다.

자녀들의 나눔은 늘 반복되는 사소한 이야기 같지만 그 안에 감동과 교훈이 많다. 나중에 가정예배 파일을 자녀들에게 믿음의 유산으로 물려줄 생각으로 정리하면 도움이 될 수 있다. 손 글씨로 기록하는 분도 있고, 파일로 저장해 두는 분도 있는데 형태는 자유롭게 하면 된다. "기록이 기억보다 오래간다"는 말은 일리가 있다.

17. 153가정예배가 좋아서 믿지 않는 가족들에게 153을 다르게 적용 해 보고 싶다. 어떻게 하면 좋을까?

153으로 가족 모임을 하는 분도 있다. 남편이 신앙이 없어 성경 대신 일반 도서를 읽고 이야기를 나누다가 감사 제목으로 이어 갔는데 분위기가 좋았다고 했다. "사람이 말을 배우는 데 걸리는 시간은 3년인데, 말을 참는 것과 지혜롭게 말하는 일은 평생에 걸쳐서 훈련해도 쉽지 않다"는 말이 있다. 그런데 감사 나눔을 하면 언어가 긍정적으로 순화되면서 대화가 부드러워진다. 그만큼 감사에는 힘이 있으며 소통할 때 좋은 재료로 쓰인다. 153은 모든 모임에서 가능하다. 자연스럽게 시도해 보자. 대화의 격이 달라지는 변화를 발견하게 될 것이다.

믿지 않는 가족의 153 가족 모임

1 (좋은 글)

"오래 살 것인가, 옳게 살 것인가?"

5 (5가지 감사)

1. 가족들과 깊이 있는 대화를 하게 되어서 감사

2. 남편이 이야기를 잘 들어 주어서 감사

3. 딸의 따뜻한 마음이 느껴져서 감사

4. 오랜만에 많이 웃어서 감사

5. 가족과 함께 식사를 해서 감사

3 (3가지 소원)

1. 가족들이 오늘처럼 많이 웃으면 좋겠다.

2. 오늘처럼 대화를 자주 하면 좋겠다.

3. 어머니가 건강하게 회복되시면 좋겠다.

18. 예배는 어떤 형식이든 괜찮을까?

찬양 예배, 암송 예배, 통독 예배 등 어떤 형식이든 순종하는 마음, 기뻐하는 마음으로 드리면 하나님도 기뻐 받으시리라 생각한다. 성령이 때로 우리를 회개의 자리로 인도하시는데, 그때는 더욱 마음을 열어 기도하고 회개를 드리면 하나님이 열매를 맺게 해 주실 것이다. 앞서 소개한 예강이 가정처럼(이 책 66쪽 참조) 가정예배를 드리고 회개에 합당한 열매를 맺는 데까지 나아가면 된다. 하나님은 상한 심령으로 통회하고 자복하는 마음을 보신다는 사실을 기억하자.

19. 집에 손님이 오시면 어떻게 해야 하는가? 손님이 며칠 동안 계속 오셔서 가정예배를 쉬었더니 다시 시작하는 게 쉽지 않다.

손님이 오시더라도 함께 예배드리기를 시도할 필요가 있다. 우리 집의 경우 153가정예배를 드리고 싶어 일부러 자녀들을 데리고 놀러 오는 가정도 있다. 그러면 자연스럽게 '153연합예배'가 된다. 시간과 장소와 상황에 구애받지 않는 153가정예배를 드려 보자. 여러 가정이 연합하면 예배가 축제가 되는 경험을 하게 될 것이다.

"보라 형제가 연합하여 동거함[예배함]이 어찌 그리 선하고 아름다운고"(시 133:1).

20. **나라를 위해 구체적이고 분별력 있는 기도를 하려면 뉴스도 들어야 하고 세상의 흐름을 알아야 하지 않을까?**

필요한 정보는 알아야겠지만 때로는 '과유불급'(過猶不及)이라는 말이 생각난다. 세상은 쉴 새 없이 뉴스를 쏟아 내는데 그 소식을 일일이 찾아보고 모든 정보를 알아야만 기도할 수 있는 것인지 나 역시 고민한 적이 있다. 결론은, 세상을 분별하는 힘은 많은 정보량이 아니라 진리의 말씀이라는 것이다. 성경은 "진리를 알지니 진리가 너희를 자유롭게 하리라"(요 8:32)라고 말한다. 오늘 하루 허락된 시간 중에서 정보를 찾거나 뉴스를 접하는 시간보다 진리에 집중하는 시간이 더 많기를 바란다. 그래야만 거짓 메시지를 분별하고 영적 전쟁터에서 진리로 맞서 승리할 수 있다.

삶의 중심에서
하나님의 방법으로 살아가세요.

"여보, 사람과 상황은 수시로 변해. 변하는 것들로부터 얻은 답은 또 변할 수 있는 거고…. 그러니까 변하지 않으시는 하나님으로부터 답을 얻어야 돼. 그럴 때 그 답은 변하지 않아."

저녁을 먹다가 무슨 얘기 끝에 남편이 한 말이다.

설거지를 끝내 놓고 앉아 있는데 열린 창문으로 선선한 바람이 들어온다. 믿기지 않을 만큼 선선한 바람이다. 무더운 여름이 지나면서 남편의 통증도 서서히 잦아들고 있다. 힘겨운 방사능 치료 6차를 마쳤다. 이 와중에 나는 영상 시나리오를 한 편 쓰고 있다. 우연의 일치일까. 시나리오 주제가 "고통의 선물"이다.

길지 않은 글을 쓰면서 고통은 글자가 아니고 문장이 아님을 깨닫는다. 고통을 어떻게 설명할 수 있을까. 고통은 말이나 글로, 설명으로 알아지는 것이 아니다. 이제 누군가 아프다고 할 때 가벼이 넘기지 못할 것 같다. 고통의 선물이란 이런 것일까. 나의 고통을 통해 다른 이의 고통을 이해하는 것, 이것이 선물인가 보다.

남편은 지금 잠깐 시든 것처럼 보이지만 그가 얼마나 더 깊고 아름다운 사람이 될지 기대가 된다. 분명 아픈 사람의 마음을 잘 헤아리고, 말없이 고통을 감싸 주는 사람이 될 것이다.

나는 남편과 25년을 함께 살았다. 그간 참 많은 일이 있었는데 빠르게 넘어가는 내 기억의 페이지에서도 남편은 침착하고 조용하다. 해가 갈수록 점점 깊어지는 것 같다. 육신의 고난이 깊어지면 생각도 깊어지는가. 묵묵히 말씀 앞에 엎드리는 남편을 바라보는데, 아내로서 기대가 된다. 그가 힘 있게 일어서는 날, 얼마나 더 견고한 믿음의 사람이 될지 기대가 많이 된다. 지난 3년간의 고통은 우리 인생에 큰 선물이 될 것이다.

바람이 불고 있다. 선물 같은 선선한 바람이 어디선가 불어오고 있다.

8년 전에 쓴 글인데, 남편이 올해 또 한 차례 아팠다. 아픈 남편을 두고 나도 병원에 들어가야 했다. 허리디스크 수술 이후 다시 통증이 찾아와 3주간 병실에 누워 원고를 마무리했다. 책이 나오기까지 건강 문제를 비롯해 여러 가지로 치열한 시간을 통과하며 쉽지 않은 시간을 보냈다.

고통이 추억이면 좋겠는데, 살아가는 동안 고통은 늘 현재로 존재한다. 어쩌면 그것이 우리를 살게 하는 동력이 되어 주는 것은 아닐까 생각해 본다. 고통의 한가운데를 지날 때마다 매번 친정 엄마가 그리워진다. 엄마가 즐겨 부르시던 찬송도 생각난다.

"세상 풍조는 나날이 변하여도 나는 내 믿음 지키리니 / 인생 살다가 죽음이 꿈같으나 오직 내 꿈은 참되리라."

새찬송가 490장 3절 가사다. 어릴 때 엄마 옆에 앉아서 뜻도 모르고 따라 부르던 찬송이 요즘 들어 자주 생각난다. 지금은 천국에 계신 엄마는 내 나이에 맞는 동요를 불러 주시진 않았지만 늘 찬송을 들려주셨다. 내 나이에 맞는 동화책을 사 주시진 못했지만 늘 성경을 읽어 주셨다. 그때는 무슨 뜻인지 모르고 불렀는데 이제는 그 의미를 되새기며 부른다. 그때는 참 지루하고 어렵던 말씀인데 이제는 생명이 되는 성경 말씀이다.

세상은 유행을 따라 나날이 변하지만 진리는 변하지 않는다는 것을 엄마는 말씀과 찬송으로 알려 주셨다. 그 말씀과 찬송이 오늘 내 마음을 지켜 준다. 돌아보니 그것이 가정예배였다. 혼자서도 가정예배의 자리를 지키신 엄마의 믿음이 내게 유산이 되었다. 그리고 지금, 고통 중에도 예배를 쉬지 않는 남편의 믿음이 자녀들에게 유산이 되고 있다. 고통이 선물이 되는 또 하나의 이유다.

　주님을 아는 이 땅의 가정들이 어떤 고난과 위기가 찾아와도 예배를 포기하지 않는 믿음의 가정으로 세워지면 좋겠다. 어둠이 짙을수록 가정예배를 통해 새벽이슬 같은 믿음의 다음 세대가 세워지기를, 그렇게 끊이지 않는 믿음의 역사가 주님 오시는 날까지 계속되기를 간절히 기도하며 글을 맺는다.

"오직 나와 내 집은 여호와를 섬기겠노라"

(수 24 : 15)